J'AI DÉBARQUÉ LE 6 JUIN 1944

COMMANDO DE LA FRANCE LIBRE

DU MÊME AUTEUR

ROMANS

Moïra la naufrageuse, La Table ronde, 1958.

Conte fiction, Éditions du Scorpion, 1961.

Le Dîner bleu, La Table ronde, 1979.

Les Amants de l'espace, le cherche midi, 1985.

Histoires troubles, Jean Picollec éditeur, 1993.

HISTOIRE

Nous étions 177, Éd. France Empire, 1964, édition augmentée en 1983 chez le même éditeur sous le titre *Commando de la France libre*, Prix Raymond Poincaré 1983, Prix national de la Résistance 1984.

Préface à *Voyage en Chine* (mémoires de voyage du docteur Jean-René Bolloré, 1839-1846), Éd. SFHA, Quimper, 1979.

ESSAI

Propos interrompus, Gallimard, 1958.

OCÉANOGRAPHIE

Guide du pêcheur à pied et sa cuisine, La Table ronde, 1960 ; Gallimard, 4e édition, 1986.

Destins tragiques du fond des mers, La Table ronde, 1963.

Du mimétisme à l'utilisation de l'outil par les animaux marins, Musée océanographique de l'Odet, Ergué Gaberic, 1968.

Évolution et pêche au coelacanthe, Éd. de la Palatine, 1974.

Un musée océanographique à la recherche d'une muséologie, Thèse, La Table ronde, 1976.

Célébration de la bernique, Gallimard, 1982.

Suivez le crabe, Gallimard, 1984.

La Saga de l'anguille : vie, pêche, cuisine, Gallimard, 1986.

Les Îles suisses du lac Léman, Éd. de l'Âge d'Homme, Lausanne, 1997.

Gwenn-Aël Bolloré

J'ai débarqué le 6 juin 1944

Commando de la France libre

Nouvelle édition
revue par Anne Bolloré-Laborde

Avant-propos
de Jean Marin et de lord Lovat

Postface et illustrations
de Maurice Chauvet

Collection
Documents

le cherche midi

DU MÊME AUTEUR (suite)

POÈMES

Anatomie descriptive, Seghers, 1955.
Ners à fleur de larmes, Éd. de Saint-Germain-des-Prés, 1982.
L'Oiseau, Éd. de la Groac'h du Loc'h, 1994.
Morbide, Jean Picollec éditeur, 2001.

MÉMOIRES

Mémoires parallèles, Jean Picollec éditeur, 1996.
Né gosse de riche, Éd. Ouest France, 2000.

L'auteur et les éditeurs tiennent à exprimer leurs plus vifs remerciements à The Imperial War Museum, à Londres, pour les documents photographiques qu'il leur a fournis.

23, rue du Cherche-Midi, 75006 Paris.

Vous pouvez consulter notre catalogue général et l'annonce de nos prochaines parutions sur notre site Internet : cherche-midi.com

« Nos débarquements dans la région de Cherbourg-Le Havre n'ont pas réussi à conquérir une tête de pont suffisante. J'ai dû rappeler les troupes. Ma décision d'attaquer en ce point et en ce moment se fondait sur les renseignements les plus sûrs dont je disposais. »

« L'armée, l'aviation, la marine ont fait tout ce que leur bravoure et leur dévouement au devoir pouvaient accomplir. Si quelques fautes ont été commises, j'en porte seul la responsabilité. »

Ce document exceptionnel est le texte écrit le 5 juin 1944 par le général Eisenhower au cas où le débarquement échouerait.

Mieux que n'importe quel commentaire, il exprime les appréhensions du Haut Commandement allié devant ce qui restera la plus grande opération militaire de tous les temps.

Avant-propos de Jean Marin

Officier de la mission militaire de liaison administrative française (MMLA) constituée par le gouvernement provisoire de la République française à Alger, et commentateur des nouvelles « Les Français parlent aux Français » à la BBC.

Dans l'immense déploiement du décor de la guerre, tendu de la mer à la terre et au ciel blanchissant, les hommes étaient à peine visibles. Pourtant, c'était d'eux, fragiles et tout-puissants, qu'allait, une fois encore, dépendre l'issue et, parmi eux, de ceux que le plan de bataille désignait pour être, en petit nombre, les premiers à ouvrir l'invasion.

Devant la plage de Ouistreham, à l'est de Caen, ils étaient 177 : ils formaient le 4e des commandos des Armées alliées commandés par le général de brigade lord Lovat qui devait aux traditions de son clan écossais le droit de s'en aller en guerre en compagnie de son cornemuseur ; c'étaient des volontaires de la France combattante ; ils avaient été choisis, à cause de cela, pour débarquer en tête, avec la mission la plus dure, ce matin du 6 juin 1944, quatre ans après la défaite, quatre ans après l'armistice.

De ces 177, leur benjamin, Gwenn-Aël Bolloré, alors adolescent de dix-huit ans, nous raconte admirablement leur histoire, à travers la sienne.

J. M.

Avant-propos de lord Lovat

Brigadier commandant la 1re brigade Commando

Jusqu'à la fin des hostilités, le Commando français a joué un rôle de plus en plus important et remarquable, opérant quelquefois seul en patrouilles de combat débarquant sur la côte ennemie, quelquefois en éclaireurs, guides ou interprètes dans des expéditions de troupes de choc plus importantes.

Leur heure de gloire arriva en juin 1944, quand la 1st SS Brigade, à laquelle le Commando des Français libres avait été rattaché, reçut l'insigne honneur d'être choisie comme fer de lance des forces expéditionnaires britanniques, pour conduire la première vague d'assaut le Jour « J », contre le mur de l'Atlantique de Hitler.

Le reste est de l'Histoire. Le prix payé a été lourd. Rien n'aurait pu arrêter les hommes de Kieffer ce jour-là ; ils ont donné leur tout sans compter pour prendre d'assaut d'abord les défenses de la plage tenues par l'ennemi en profondeur, ensuite la batterie de Ouistreham, et, enfin, le casino et la ville elle-même pour y établir une tête de pont vitale sur le sol de France.

Par-delà la voûte des années – je les salue !

L.

1

5 juin

Sac au dos lourdement chargé, nous allons quitter ce camp où, depuis quinze jours, nous restons parqués.

Alentour, nous enserrant implacablement, se dressent des rouleaux de barbelés gardés par des hommes, mitraillette en bandoulière, chargeur engagé dans la culasse.

Entre les sentinelles et nous, pas un mot ne doit être échangé ; ordre leur a été donné de nous abattre à la première éventuelle tentative d'évasion.

Deux semaines auparavant, nous avions quitté Bexhill-on-Sea avec une précipitation insolite, pour une destination inconnue.

Ce camp était bien le plus strict que l'on pût imaginer : pas de permissions, pas de courrier, aucun contact avec l'extérieur. Nous n'étions déjà plus en Angleterre.

Cela nous avait plu, car c'était le but vers lequel nous tendions tous depuis quelques mois, depuis plusieurs années pour certains.

Dès le lendemain commença une longue instruction. Dans les tentes où se déroulait le « briefing », des plans en relief représentant des plages, des villes, la campagne, étaient dressés. Chaque jour, de nouvelles photographies communiquées par la RAF étaient apportées. Tel blockhaus n'existait plus, tel autre était endommagé, tel autre se construisait.

« Tu as bien compris ? répétait le commandant Kieffer au sergent Coste. Ta barge de débarquement échoue là, juste à côté de ce point que tu vois sur cette photo. Ce sont des chevaux de frise, donc oblique un peu sur ta droite pour traverser la plage... »

Et plus tard : « La grande rue qui conduit au port n'est pas plane. Sa partie droite est en contrebas, donc en rampant dans le ruisseau vous devez être à couvert des armes automatiques de ce petit blockhaus... »

Chaque jour, de nouveaux documents photographiques remettaient tout en question mais, peu à peu, nous nous imprégnions de cette topographie anonyme qui figurerait notre but et deviendrait, pour certains, le point final.

D'une tente voisine, la nouvelle se propagea : des Normands ont reconnu les lieux, et le grand plan en relief de la salle de conférence suspend son anonymat. Tout devint plus terriblement proche de nous. Le port c'est Ouistreham ; le grand blockhaus, l'ancien casino ; le point de débarquement La Brèche, près de Riva-Bella. Quels noms prédestinés !

Guy de Montlaur exulte. Ce casino lui a coûté cher avant la guerre. Il ne lui déplaira pas demain d'y casser quelques vitres, du moins symboliquement, car de la bâtisse style rococo qui abritait les beaux jours de l'avant-guerre, il ne reste rien et, à sa place, se dresse maintenant un monstre de béton percé d'ouvertures meurtrières.

La nouvelle court, galope... et les Anglais s'affolent car même le brigadier général lord Lovat, qui commande la 1re SS Brigade, à laquelle nous sommes rattachés, ignore les véritables noms qui devraient figurer sur les cartes.

« Messieurs, par une suite de circonstances, vous connaissez le lieu du débarquement. Soyez discrets, n'en parlez à personne Ne me dites rien ; je ne veux pas le connaître. »

Notre général ne sait rien. Il ne veut pas savoir [1]. Les Anglais n'ont décidément pas fini de nous étonner.

1. En réalité, lord Lovat connaissait les noms exacts de notre zone de débarquement, mais il feignait de les ignorer, par souci de prudence.

Mais ce qui nous surprendra plus encore, dans l'avenir, ce sera d'apprendre que le chef de la France libre, s'il avait été mis au courant des intentions des Alliés, ne connut la nouvelle qu'après son exécution.

La vie du camp est calme. Nous nous livrons à de longues parties de poker ; le *piper* de lord Lovat joue interminablement de son instrument ; culture physique, repos, conférences.

Nous avons déjà quitté la civilisation. L'aventure commence dans un engourdissement étrange. Nous sommes séparés des vivants et cela pourrait durer l'éternité si un matin, le 5 juin...

Nous sommes plusieurs milliers autour de lord Lovat. Il parle longuement en anglais. Cela veut dire : « On y va ! », puis il conclut : « À mes camarades français, je ne dirai qu'un seul mot : courage, demain matin on l'aura, les Boches, on l'aura[2] ! »

Ça, au moins, nous avons tous compris.

Les soldats américains, ceux qui tiennent le camp, circulent et distribuent cet « Ordre du Jour », attention délicate du général Eisenhower :

« Jour J »

ÉTAT-MAJOR SUPÉRIEUR

DES FORCES EXPÉDITIONNAIRES ALLIÉES

---

2. Allocution prononcée en français.

Soldats, marins et aviateurs des Forces expéditionnaires alliées !

Vous êtes sur le point de vous embarquer pour la grande Croisade vers laquelle ont tendu tous nos efforts ces derniers mois. Les yeux du monde sont sur vous. Les espoirs, les prières des peuples épris de liberté vous accompagnent. Avec vos valeureux alliés et vos frères d'armes des autres fronts vous détruirez la machine de guerre allemande, vous éliminerez le joug de la tyrannie nazie qui oppresse les peuples d'Europe et vous rapporterez la certitude de vivre dans un monde libre.

Votre tâche ne sera pas facile. Votre ennemi est bien entraîné, bien équipé et endurci au combat. Il se battra sauvagement.

Mais nous sommes en 1944 ! Beaucoup de choses se sont passées depuis les triomphes nazis de 1940-1941. Les Nations unies ont infligé aux Allemands de grandes défaites sur les champs de bataille et dans les rencontres individuelles. Notre offensive aérienne a réduit considérablement leur puissance dans les airs et leur faculté à conduire la guerre au sol. Le groupement des efforts à l'intérieur de nos pays nous a donné une écrasante supériorité en armes et munitions et placé à notre disposition de grandes réserves de combattants entraînés. Le vent a tourné ! Les hommes libres du monde marchent tous ensemble à la Victoire !

J'ai pleine confiance en votre courage, votre sens du devoir et en votre valeur de combattant. Nous n'accepterons rien que la Victoire totale !

Bonne chance ! Implorons tous la bénédiction du Dieu tout-puissant sur cette grande et noble entreprise.

(Traduction.)

Enfin jaillit l'ordre tant attendu : « Rassemblement près des camions dans trente minutes. » Dans le sac, quel barda ! Outre les indispensables vêtements de rechange et une partie des munitions s'entassent des objets aussi hétéroclites que pratiquement inutiles, mais ils sont réglementaires. Je cite au hasard de mes souvenirs : des bougies, des allumettes, du fil, des aiguilles, des boutons de rechange, une boîte de cirage, une brosse à souliers, un flacon pour astiquer les cuivres, un autre pour les ceintures et les guêtres et des chiffons appropriés, du papier d'emballage, des rouleaux de papier d'un usage plus spécial, enfin un certain métrage de ficelle et des cartes postales ! Et, pour moi, ce qui n'est pas le moins encombrant mais tout de même le plus nécessaire et le plus opportun : une volumineuse trousse d'infirmier.

Le tout est complété par une pioche portative attachée sous le paquetage et par le casque, qui coiffe l'édifice, soit largement plus de quarante kilos.

Les camions roulent dans la campagne anglaise. La campagne ! Pas un champ qui ne soit transformé en parking : des centaines de tanks, de voitures, des rangées de canons à perte de vue, des montagnes de Jerrican, de caisses de munitions, des mitrailleuses...

Nous roulons, entassés, les uns sur les autres, et c'est bientôt le port de Warsash.

La rade reflète l'image de la campagne. Partout des bateaux, des grands, des petits, navires de guerre classiques ou embarcations aux formes étranges conçues et réalisées pour le seul débarquement.

Les troupes françaises héritent de deux petites barges des LCI(s).

Au pied de la passerelle, un marin anglais collecte la partie supérieure d'une carte qui nous a été remise au camp.

Ce volet du diptyque porte la mention : *« Embarkation Tag »*, suivie de notre nom et de notre matricule. C'est en quelque sorte notre billet d'aller.

Le rapatriement doit s'effectuer grâce à la seconde partie de la carte, c'est-à-dire à notre billet de retour. Là est imprimée, outre notre nom et notre matricule, la mention : *« Disembarkation Tag »*. Seuls quelques morts et les blessés utiliseront ce chèque de transport gratuit.

Promptement, l'officier de la Royal Marine qui commande notre bateau fait larguer les amarres. L'heure coule rapidement et nous quittons le port par la passe de Cowe. À notre étonnement, il y a autant de bateaux à l'extérieur qu'à l'intérieur de la rade de l'île de Wight. D'où peuvent-ils sortir ? Mystère.

Rapidement, notre convoi se forme puis s'immobilise, attendant les ordres. D'autres unités manœuvrent et, par une inexplicable chance, arrivent à se constituer en un cortège dûment organisé dont la « tête pensante » connaît l'articulation dans les moindres détails.

Dans le ciel, pas d'avion.

Seules, les mouettes planent, curieuses et rieuses, comme les mouettes d'hier, comme celles de demain.

Nous traînons, désœuvrés, sur le pont. Les armes et les havresacs sont entreposés dans la cale.

« Pan, pan, pan, PAN ! Pan, pan, pan, PAN ! » La radio du bord, avec l'aimable négligence du commandement britannique, diffuse l'émission « Les Français parlent aux Français ».

Une grappe humaine s'agglutine autour du poste.

« C'est Pierre Bourdan qui vous parle... énième jour de la lutte du peuple français pour sa libération [etc.]. Aujourd'hui Rome est tombée, mais nous, Français, c'est à Paris que nous pensons. »

L'île de Wight disparaît peu à peu.

Tels les ruisseaux qui forment les rivières et les rivières qui grossissent les fleuves, de chaque port de la côte sud d'Angleterre, arrivent des convois qui se rassemblent. À perte de vue, des bateaux. Ils s'amassent en une flotte puissante qui pousse lentement, inexorablement, vers une direction de secteur sud.

La mer est courte et mauvaise. À ceux qui en manifestent le désir, les marins distribuent des sacs en papier huilé et, dernière attention, un message du maréchal Montgomery.

21E GROUPE D'ARMÉE
MESSAGE PERSONNEL
DU COMMANDANT EN CHEF
À DIFFUSER À TOUTES LES TROUPES

1. Le moment est venu d'assurer un coup formidable à l'ennemi, en Europe occidentale.

Ce coup sera donné par les forces combinées des Armées alliées de terre, de mer et de l'air, constituant ensemble une seule grande équipe alliée, sous le commandement suprême du général Eisenhower.

2. À la veille de cette grande aventure, j'envoie mes meilleurs vœux à chacun des soldats de cette équipe alliée.

C'est à nous que revient l'honneur de faire renaître la liberté, qui s'inscrira dans l'Histoire ; et dans les jours meilleurs qui nous attendent, les hommes parleront de nos actes avec fierté.

Nous défendons une grande et juste cause.

Prions ensemble pour que le « Seigneur tout-puissant dans la Bataille » accompagne nos armées, et que Sa Providence nous aide particulièrement dans la Lutte.

3. Je désire que chaque soldat sache que j'ai pleine confiance dans le résultat victorieux des opérations que nous allons commencer. Avec des cœurs intrépides et l'enthousiasme pour le combat, allons au-devant de la Victoire.

4. Et, au moment d'entrer dans la bataille, souvenons-nous des paroles qu'un célèbre soldat prononça, il y a de nombreuses années :

« Ou qu'il craigne trop son destin
« Ou que ses mérites soient trop infimes,
« Celui qui n'ose pas tout abandonner
« Pour tout gagner ou tout perdre. »

5. Bonne chance à chacun de vous.
Et bonne chasse sur les terres d'Europe.

B. L. MONTGOMERY,
Général Commandant en chef
21e Groupe d'Armée, 1944.
(Traduction.)

Par vagues, nous entendons le grondement des bombardiers de la RAF qui nous survolent. Certains regagnent la base initiale, leur mission accomplie, d'autres foncent vers la France.

Dans la cale, il fait chaud et noir.

Parfois, le bruit des pas d'un marin sur nos têtes ou un ordre bref émergeant des rafales de vent nous fait dresser l'oreille, puis c'est de nouveau la symphonie mystérieuse : le vent, les vagues qui frappent méchamment la carène et le grondement des moteurs, et la plainte du bois qui gémit.

« Nous approchons », pense chacun de nous, en regardant sa montre.

J'ai dix-huit ans ; hier j'en dépassais quatorze. « Quatorze-dix-huit » : ces deux chiffres étranges m'obsèdent.

2

L'occupation

Tout a commencé pour moi le jour où quatre motocyclistes allemands occupèrent ma ville.

Le spectacle de ces quelques centaines de soldats français qui traînaient la savate, les mains dans les poches, sur les quais de l'Odet, me choqua. Ils ne cherchaient nullement à se débarrasser des seuls quatre Allemands qui occupaient la ville en maîtres, alors que l'armistice n'était pas encore signé. Cela me fit l'effet de recevoir une gifle.

Nous habitions à cheval sur Quimper. À dix kilomètres au nord, c'était Odet, berceau de l'usine familiale spécialisée dans la fabrication du papier à cigarette. À vingt kilomètres au sud, sommeillait Beg-Meil, où nous passions l'été, au bord de la mer.

L'exode nous y conduisit. Nous, c'étaient ma mère, deux frères, une sœur et des amis. Mon père était mort cinq ans plus tôt.

On parlait à la radio du réduit breton et quelques velléités de ce genre durent prendre corps puisque notre villa fut réquisitionnée pour loger une partie du gouvernement. En l'occurrence, nous allions héberger Paul Reynaud. Pétain habiterait une villa voisine. Chaque ministre se trouvait ainsi « cantonné » selon son rang.

Les lits furent préparés pour le repos de leurs hôtes, des fleurs s'épanouirent dans les vases. Trois jours plus tard, un général allemand s'allongeait dans les draps destinés au président du Conseil.

Repliés sur Odet, loin des grandes routes, et non encore « occupés », nous vîmes arriver un général d'aviation avec son état-major et quelques centaines d'hommes. Il logea chez nous quelques jours, puis se rendit, sans éclat, avec tout son régiment, à la Kommandantur dès que celle-ci fut installée.

Je garde le souvenir d'un vieil homme apeuré, les épaules voûtées, demandant conseil à tous ceux qui voulaient bien l'écouter, y compris les enfants. Il abandonna derrière lui son pistolet sur le haut d'une armoire, de quoi faire fusiller ses hôtes. Ce fut un neveu, René Jean, âgé de cinq ans, qui permit de découvrir le pot aux roses, en réclamant un ballon, inopportunément (ou opportunément) atterri au faîte du meuble.

Le drapeau du régiment fut brûlé, j'en aurais pleuré ! Mais qui s'en souciait dans cette période où la honte était la peine quotidienne ?...

Quimper ne s'avérait pas plus coupable que les autres villes de France. La veulerie fournissait le pain de l'époque et bien d'autres cités furent prises par moins d'hommes encore.

C'était le temps où les soldats en permission ou ceux qui avaient réussi à fuir se constituaient volontairement prisonniers pour se voir plus vite démobilisés. Lorsqu'on évoquait cet amiral de Penfentenyo qui, avec quelques centaines de courageux fusiliers marins, avait cherché à barrer la voie aux Allemands sur la route de Lorient, on l'entendait traiter non seulement de fou mais de « criminel ».

Pourtant, les hommes de l'île de Sein gagnèrent la Grande-Bretagne. Comme l'expriment les mots gravés au revers d'une médaille : « Ces jours-là ils étaient le quart de la France. » Pourtant, de chaque port de la côte, des marins prenaient le chemin de l'honneur, mais ces gestes demeuraient cachés comme une lèpre.

Les quatre motocyclistes étaient devenus quatre mille soldats que Quimper allait devoir ravitailler, pendant de longues années, en beurre, en œufs, en fromages (BOF).

L'été passa. Comme les ponts n'avaient pas sauté, comme Paris ne s'était pas défendu, comme les trains n'avaient pas brûlé, comme nous étions en octobre, je regagnai la capitale et réintégrai la classe.

Au collège, nous discutions ferme. La majorité des élèves s'en moquait et parlait « patates » ou « marché noir ». Quelques-uns appartenaient à des associations para-miliciennes dirigées par Darnand ou par Bucard. Je crois me souvenir que nous n'étions que deux adeptes de la Résistance dans ma classe. L'autre c'était Aubry. Il participera, plus tard, à la prise de l'Hôtel de Ville, à l'heure de la Libération de Paris, en faisant sauter un tank à l'aide d'un cocktail Molotov.

Avec lui, j'ai envisagé pour la première fois de partir pour l'Angleterre. Il prétendait savoir piloter (il avait un an de moins que moi !), et nous examinions sérieusement la possibilité de nous emparer d'un avion de guerre. Nous fûmes à deux doigts de nous lancer dans cette incroyable aventure.

Toutes les autres solutions restaient envisagées et, en premier lieu, le passage par l'Espagne.

Justement, l'entreprise familiale possédait un Dundee, *Le Domino*. Ce bateau, avant la guerre, faisait régulièrement le trajet Quimper-Glasgow-Quimper, pour approvisionner la papeterie en charbon. Les Allemands l'avaient réquisitionné, et maintenant, il faisait la navette entre Bayonne et Santander, troquant pommes de terre bretonnes contre minerais de fer espagnols.

Le capitaine Calloc'h, un Malouin, tenait toujours la barre, et je connaissais ses sentiments de patriote...

Les caches ne manquent pas dans un navire, et nous aurions regagné le Portugal, terre neutre et bienveillante pour les Alliés.

Hélas, ce n'était pas encore mon jour, *Le Domino* coula à son deuxième voyage. L'équipage, en habitué, s'en sortit. C'était le troisième naufrage du capitaine... Mais le navire n'existait plus.

Loin d'être rebuté, je persévérai dans mes recherches.

Il me semble avoir échafaudé quatre ou cinq projets aussi saugrenus les uns que les autres. Par chance, à la dernière minute, il manqua toujours un élément pour accomplir notre dessein ; ceux qui connurent les prisons franquistes savent ce qu'il en coûta de vouloir traverser le territoire espagnol.

La Bretagne avait définitivement opté pour les Alliés. Des chalutiers entiers quittaient Douarnenez. Des bateaux-pièges rôdaient le long du littoral. Partout des maquis et des réseaux de Résistance se constituaient.

Dans ce sens, mon ami Yves de Kerveguen et moi décidâmes de constituer un stock d'armes. Nous rassemblions à Paris des revolvers hétéroclites ; il les convoyait jusqu'à Quimper. Nous avions imaginé de les cacher dans de vieux forts de soldats de plomb. Nous les dissimulions dans le milieu du jouet et les entourions de canons miniatures.

À l'arrivée du train, un autre ami, Louis Garin, prenait livraison de la marchandise dans une voiture à cheval. Je note ce détail car il faillit un jour se révéler la cause d'un incident grave. L'animal s'était emballé juste devant la gare. Ruant dans les brancards, il avait envoyé les colis choir sur la chaussée. Ceux-ci étaient solides et ils ne s'ouvrirent pas aux yeux des passants.

J'appris par la suite l'efficacité de nos efforts : ces armes servirent aux maquisards lors des combats menés devant la poche de Lorient.

Joindre l'Angleterre demeurait mon but principal. Souvent, durant mes vacances, je rôdais sur la côte, essayant de trouver un marin qui veuille bien me faire passer de l'autre côté. Les bouches restaient closes. La méfiance régnait. Peut-être certains me jugeaient-ils trop jeune ?

Paradoxalement, un réseau de Paris m'indiqua une filière qui, par Carantec, me conduisit en Grande-Bretagne.

Démobilisé de l'armée de l'Afrique du Nord, mon cousin Marc Thubé me mit en relation avec l'un de ses amis, de son vrai nom Alfred Jassaud. Celui-ci semblait entretenir des contacts avec la Résistance.

Il faut se remettre dans la psychose de l'époque pour mesurer la difficulté qui s'opposait à l'accomplissement du premier pas. Qui étais-je pour l'homme ? Qu'était pour moi cet inconnu ?

Le premier rendez-vous eut lieu au café du « Colisée », sur les Champs-Élysées. Marc avait arrangé le rendez-vous ; il nous laissa bientôt en tête à tête. Sur la pointe des pieds, nous abordâmes le sujet. Il fallut pour cela une forte dose d'intuition et de confiance réciproque. J'étais bien tombé.

Alfred Jassaud, dit Darsac indicatif Bison, était un agent du réseau « Alliance », l'un des plus importants à cette époque. Sa filière passait par Carantec, à proximité de chez moi. Il avait fallu que je vinsse à Paris pour découvrir ce chemin. Je n'étais d'ailleurs pas au bout de mes surprises. Dans le prochain bateau partait mon frère René [1].

---

1. Première classe infirmier en 1939, adjudant des poudres en 1940, il fut fait prisonnier à Angoulême, d'où il s'évada le jour même. Après plusieurs missions zone libre, zone occupée, il regagna l'Angleterre en février 1943, et finit la guerre au BCRA avec le grade de capitaine.

Mais toutes les places étaient déjà attribuées. Il me faudrait attendre la prochaine occasion.

Nous nous revîmes souvent. Toujours dans des grands cafés : « Le Marignan », « Le Colisée »... Ces endroits étaient considérés comme les moins dangereux car ils mêlaient beaucoup de consommateurs, ce qui permettait de ne pas se faire repérer. Surtout, ils comportaient plusieurs sorties.

En février mon frère partit ; Darsac me remit la lettre qu'il destinait à sa famille et me communiqua l'indicatif de la radio annonçant l'aboutissement sans incident du voyage : « Les arbres fruitiers sont toujours en fleurs. » Ce soir-là, je rentrai essoufflé, en retard pour le dîner, prétextant je ne sais quelle excuse. Avant de me coucher, je glissai la missive sous mon matelas. Le lendemain, avant de rejoindre la classe, je posai discrètement le pli sur le courrier matinal.

À mon retour, l'atmosphère était changée. Tout le monde chuchotait, se taisant soudain quand j'approchais. J'éprouvai de la peine à garder mon sérieux et à jouer l'indifférent. N'avais-je pas dormi sur leur fameux secret ?

Un dernier rendez-vous avec Jassaud et tout fut mis au point.

J'achetai, par son intermédiaire, un vieux bateau pourri, le *S'ils te mordent.* (Le nom du bateau ne manquait pas de piquant. Il reproduisait la devise de la ville de Morlaix : *S'ils te mordent* – les Anglais –, *mords-les.*) Un chantier de Carantec, dirigé par Ernest Sibiril, le remettrait en état, et nous partirions, comme mon frère avait pris le large, comme d'autres bateaux s'en étaient allés déjà.

La date fut choisie en fonction de la nouvelle lune. Ce serait le 6 mars. L'arrangement m'accommodait : il concordait avec une période bienvenue de « petites vacances ».

Marc Thubé, qui venait de recevoir une fiche de réquisition pour le STO (Service du travail obligatoire en Allemagne), décida de m'accompagner.

Le 5 mars 1943, nous empruntions tous deux le train de 8 h 30 à la gare Montparnasse. Destination : Quimper.

Avant de clore ce chapitre, je voudrais évoquer la mémoire d'Alfred Jassaud. Je ne devais plus le revoir, si ce n'est d'une manière fugace le 6 mars au soir au chantier d'Ernest Sibiril.

Son indicatif était Bison, un nom d'animal comme en avaient tous les agents du réseau « Alliance », surnommé pour cela par les Allemands « L'Arche de Noé », mais qui lui allait particulièrement bien, tant il émanait de sa personne une impression de force et de puissance tranquilles.

Adjoint de secteur de la Seine au début 1943, il était agent principal de renseignement zone

Normandie lorsqu'il fut arrêté, c'est dire son importance.

Appréhendé par la Gestapo le 19 septembre 1943 puis interné à Fresnes, il fut torturé, ses bourreaux, m'a-t-on dit, l'obligeaient à rester des heures à genoux sur une barre de fer.

Il ne parla jamais.

Déporté en Allemagne, il fut fusillé le 5 août 1944 à Hellbronn.

Outre une force physique peu commune, il était doué d'un sang-froid remarquable, côtoyant l'occupant avec une placidité qui lui servait de passeport, présentant ses faux papiers à ceux qui le recherchaient avec la même désinvolture que moi lorsque je tendais mon ticket de métro au poinçonneur de service. Bien plus, manipulateur hors pair, il profitait de la cohue d'avant le couvre-feu pour subtiliser dans les wagons de première classe les portefeuilles des officiers de la Wehrmacht les plus gradés. Il rentrait ainsi en possession de précieux documents : ordres de missions, permis de circuler, cartes d'alimentation, etc. Ceux-ci rendirent à la Résistance des services inestimables.

3

Paris-Londres

Le trajet Paris-Quimper s'accomplit sans incident.

Nous voici tous les deux, dans la nuit, sous une pluie battante. Sizorn, le garde-chasse, habite à moins d'un kilomètre. Il pourra sûrement nous dépanner.

Trempés, nous frappons à sa porte. Il est plus de dix heures et tous, dans la campagne, dorment. Enfin, un rai de lumière : une clé grince dans la serrure et voici Sizorn, en pyjama, tout étonné de nous voir.

Vite, nous rentrons. Une bouteille de lambic (eau-de-vie de pomme) sort prestement du dessous d'un meuble.

Sizorn ne cille pas pendant mon exposé. Il se trouvera demain matin à huit heures devant la maison avec une voiture à cheval. Il promet de ne rien dire, de feindre de ne nous avoir jamais vus.

Maintenant, il faut boucler les bagages. Nous avons droit à une valise de petite taille, enfermant un costume de rechange, quelques chemises, un chandail, des chaussettes, etc. Nous préparons trois magnums de lambic, car il fera froid en Manche.

Enfin, travail plus émouvant : j'écris une lettre destinée à ma mère. Je lui annonce mon départ, j'en expose les raisons ; je lui communique l'indicatif signalant notre arrivée : « À cœur vaillant il n'est rien d'impossible. »

Et je l'embrasse.

Il importe de s'occuper de l'argent destiné à payer le bateau.

Pour réunir la somme nécessaire, soit quarante mille francs, ce qui constituait, en 1943, une grosse somme pour un jeune de dix-sept ans, j'avais chargé Louis Garin de vendre (en cachette) mon cheval – animal très recherché à cette période.

C'était une belle jument baie, une anglo-arabe qui répondait au nom peut-être prédestiné de Crevette.

Vendre un cheval pour acheter un bateau, ce n'est assurément pas banal, mais quand il porte le nom d'un crustacé, cela devient plus compréhensible !

À Brest, dans la cohue, sur le quai de la gare, et suivant le plan établi, un homme nous attendait, le bord de son chapeau marron rabattu sur le visage. Il tenait dans sa main gauche, en signe de reconnaissance, une grande enveloppe de papier kraft.

Comme frontalier, je possédais un laissez-passer valable pour la zone côtière ; mais cette pièce manquait à Marc, et, par ailleurs, nous ne pouvions pas nous exposer à un contrôle de nos valises.

Un réseau de complicité nous aida à sortir de la gare. Ce fut d'abord la consommation d'une bière au buffet gastronomique, puis une traversée des cuisines et une sortie royale à bord de la camionnette à gazogène de l'établissement. Elle nous conduisit à domicile, chez notre guide.

Maurice Gillet, dit Chénet ou encore le Sorcier de Brest dans la Résistance, indicatif Licorne, était chef du secteur de Brest, réseau Marine. Il habitait le quartier périphérique de Saint-Marc, juste derrière l'église. Depuis plusieurs mois, il assurait le relais entre Darsac et le chantier d'Ernest Sibiril. Son audace touchait à la témérité. Il croyait posséder la baraka. En dépit d'une chance indéniable, il sera arrêté quelques mois après notre départ.

Très exactement le 29 septembre 1943 l'accompagneront dans les geôles allemandes Joël Le Moigne, le colonel Gillet et sa femme,

Amélie Simottel, sa belle-fille Marie, sa sœur ainsi que deux neveux Pierre et René Guezennec, Georges Lacroix, Paul Masson, Jean Eozenou, Marcel Dufoset, René Jamault, René Prémel, son épouse et sa belle-mère, Marie-Jeanne Le Baquet, Alice Coudol et Clara Machton.

Tous devaient disparaître. N'étaient-ils pas classés *« Nacht und Nebel »*, ce qui signifiait qu'ils devaient être exécutés sans laisser de trace ?

C'est ainsi que moururent d'une balle dans la tête au camp de Struthof (Alsace) Maurice Gillet et ses compagnons du réseau « Alliance », dont son père le colonel âgé de soixante-dix ans et cinq autres membres de sa famille. Quatre cent trente-neuf agents du même réseau devaient aussi disparaître, fusillés ou morts en déportation.

Ce 6 mars 1943 ne marquait pas encore son mauvais jour, bien qu'il faillît sonner notre glas à tous.

En effet, dès le commencement du déjeuner, les sirènes mugirent.

« En plein jour, ce sont les Forteresses », dit notre hôte.

Il ajouta : « C'est mauvais signe, car ces bombardements à haute altitude ont une efficacité nulle. »

Il ne croyait pas si bien dire. Deux minutes plus tard, quelques petits points argentés brillèrent dans un ciel devenu bleu. Accoudés à la fenêtre, nous les regardions évoluer lorsque soudain d'autres points se mirent à grossir à une vitesse sans cesse accrue.

« Un chapelet de bombes, cria Chénet. Tous contre le mur ! »

À peine nous étions-nous plaqués le long des cloisons qu'un vacarme assourdissant nous submergea. Les vitres volèrent en éclats, le plâtre du plafond et le lustre s'écrasèrent au sol.

Blancs de poussière, nous nous relevâmes, hébétés. Un même mouvement nous conduisit vers la fenêtre. Les deux maisons qui entouraient la nôtre avaient disparu !

« Il faut filer en vitesse. Des équipes de secours vont venir déblayer et chercher les victimes. Les Allemands seront là aussi et risquent de poser des questions. Partons avant qu'ils n'arrivent. »

Ainsi parla Gillet avec justesse et décision. L'alerte était d'ailleurs terminée et, après un rapide coup de brosse, nous nous retrouvâmes dans la rue, puis dans la salle d'attente de la gare.

Le train qui va de Brest à Morlaix est un tortillard.

Avant d'arriver à notre station, Chénet nous remit le courrier pour Londres et nous dit que nous retrouverions Darsac devant la gare. Seul, il continua jusqu'à Saint-Brieuc par prudence.

Jassaud était effectivement là, avec quelques personnes qui devaient nous accompagner en Angleterre. Il y avait, si je me le rappelle bien, son frère cadet, Marcel, agent de liaison du secteur Méditerranée, un jeune élève de Saint-Cyr du nom de Martin, et deux aviateurs, Fourquet et Dupoujet. D'autres hommes devaient nous rejoindre à Carantec.

La nuit baignait la terre et, par petits groupes de deux ou trois, nous quittâmes la ville. À quelques kilomètres de là, un camion s'arrêta à notre niveau. Sans prononcer une parole, le conducteur souleva la bâche. Derrière des piles de planches, il désigna une étroite cachette où nous nous serrâmes tous les sept. Le véhicule poursuivit sa route.

À cinq kilomètres de Carantec, les freins grincèrent. Le camion passait devant le poste allemand de la zone côtière.

Mes souvenirs, ce sont d'abord des bruits de bottes, des bribes de phrases criées en allemand, mais surtout *les silences*. En premier lieu le nôtre, si total, mais aussi celui des sentinelles, entre chaque question. Ces longues pauses où nous nous demandions si les soldats en armes allaient vérifier le contenu du camion nous angoissaient plus que les rauques dialogues.

Lorsque le véhicule redémarra, je sentis l'air frais baigner mes poumons, tant nous avions réussi à réduire notre dépense physique pour éviter tout bruit.

Feux éteints, le camion s'engagea dans un petit chemin qui donnait sur la mer. Il s'immobilisa bientôt devant le chantier naval d'Ernest Sibiril ; en quelques secondes nous fûmes chez lui et notre courageux convoyeur continua sa route.

Sitôt franchi le seuil, ce fut la détente. Un feu de bois pétillait dans l'âtre. Des verres étaient disposés sur la table. Ernest Sibiril nous accueillait avec sa gentillesse habituelle.

Trois Bretons, qui devaient nous accompagner, attendaient. C'étaient deux pêcheurs de Riec-sur-Belon, Couliou et Souflez, et un homme de la Marine marchande, Guyader. Ainsi au complet, nous étions neuf.

Que sont devenus mes huit copassagers ?

Souflez et Couliou ont péri en mer. Robert Guyader, après s'être marié avec une charmante native de Jersey, devint lieutenant au BCRA[1]. Déposé à Nangis, à quatre-vingts kilomètres de Paris, en lysander, il fut capturé le 8 juillet 1944, déporté à Buchenwald, d'où il sortit treize mois

1. Deuxième bureau de la France libre.

plus tard, libéré par les Américains le 4 mai 1945. Il pesait à cette époque trente-sept kilos. Il a depuis professé au cours technique de l'école Saint-Joseph.

Marcel Jassaud est représentant de commerce. Il a fait courageusement la campagne d'Italie. Thubé a dirigé des comptoirs en Afrique équatoriale. Maintenant, il navigue. Nous naviguons souvent ensemble.

De Martin, je n'ai jamais eu de nouvelles. Dupoujet, qui se fit appeler Navarre, s'occupe de machines-outils.

Fourquet, qui choisit le nom de Gory, commanda l'escadrille Lorraine et resta dans l'armée après la guerre. Il porte cinq étoiles, et a joué un rôle important lors du drame de l'Algérie. Il a fini sa carrière comme chef d'état-major des Armées.

Mais, ce soir, nous voilà tous frères, nous qui, dans l'ensemble, ne nous sommes jamais vus.

« Restaurez-vous, buvez un coup », dit Sibiril.

Il ajoute : « Vous embarquerez vers onze heures car c'est le moment où le jusant sera le plus fort. »

Petit contretemps. La personne qui devait apporter le ravitaillement ne paraît point.

Qu'importe. Sibiril nous donne trois gros pains noirs, si infects d'ailleurs que les Anglais prendront ce qu'il en reste pour l'analyser. L'heure de départ la plus propice ayant sonné, nous enfilons nos manteaux. Nous nous apprêtons à descendre dans le chantier.

Là, nous quittons Darsac. Une franche poignée de main. La dernière que je lui donnerai. Il embrasse son frère ; ce sera leur ultime accolade. Il sera bientôt pris, torturé, mis à mort.

Le *S'ils te mordent* flotte encore. Il est temps de dérader. Deux par deux, nous montons à bord grâce à une plate. Marin du pays, l'un des frères Leven nous fera sortir de la baie. Puis, passeur courageux, il regagnera la côte.

Ernest Sibiril, lui, reste dans « son » chantier, préparant déjà un nouveau départ.

Dix-huit bateaux quitteront ainsi la France avant qu'Ernest ne gagne, à son tour, la Grande-Bretagne. Le processus reste toujours le même. Une vieille coque, non inscrite sur les listes de la Kommandantur, est remise clandestinement en état. Une nuit sans lune, les patriotes embarquent à son bord et, profitant du jusant, s'éloignent de la côte, sans bruit. De la sorte, les Allemands ne s'aperçoivent pas des départs et la manœuvre n'entraîne pas le risque de faire fusiller les otages.

Que dire d'Ernest Sibiril ? Sinon qu'il fut admirable.

Ce Breton, né au bord de la mer, vivant de la mer, constructeur de bateaux de père en fils, était déjà âgé, du moins me le semblait-il à l'époque. Il avait été mobilisé dans l'armée territoriale. Évitant la captivité grâce à son esprit d'à-propos, il avait réussi à rejoindre Carantec et repris son métier. C'est alors qu'un ami, Jacques Guéguen (soixante-dix ans), lui demanda de l'aider à faire passer des patriotes en Angleterre en remettant en état son vieux bateau, le *Pourquoi pas ?...*

Ernest le fit avec enthousiasme et pensa même à les accompagner, ce qui était pour lui, du moins à cette époque, relativement facile. Mais il réfléchit au service immense que son chantier pouvait rendre à la Résistance et il décida de prendre le risque de rester. Son premier « convoi » sera justement pour Jacques Guéguen le 12 février 1942. En effet, le pêcheur était recherché par la Gestapo. L'aidèrent dans sa périlleuse entreprise, prenant eux aussi leur part de risques, sa femme, son jeune fils Alain, âgé de douze ans, et son frère Léon.

J'ai souvent après la guerre revu celui que nous appelions derrière son dos, car il l'eût très mal pris, le Grand Passeur. Il construisit de nouveau de forts beaux voiliers, mais refusait de parler des « temps héroïques ». C'était un bon compagnon avec qui nous aimions discuter tard dans la nuit « entre Bretons ».

Il est mort en mer, en allant avec sa plate par un fort coup de vent de noroît « surveiller ses enfants », c'est-à-dire contrôler le mouillage de ses bateaux.

Nous voici, tous les dix, couchés dans le fond de la barque qui dérive lentement.

C'est un cotre de Carantec, long de 6,70 m, tirant 1,60 m, construit avant 1914 et qui pourrissait sur une vasière depuis plusieurs années. Ses lignes sont belles, mais les voiles et les cordages qui ont pu être dénichés en cette période de restrictions ne sont pas loin d'être usés.

Un vieux moteur, un « ballot quatre cylindres », a été rafistolé. Nous verrons ce qu'il vaut.

Pas un bruit. Il serait dangereux de hisser les voiles, car l'anse de Carantec est presque fermée par un cap à la pointe duquel les Allemands ont édifié un blockhaus dûment armé.

Si l'on nous repère, nous serons immédiatement coulés. Trois atouts jouent en notre faveur. La nuit est d'encre, la tempête s'est levée et, là-bas, dans la casemate, des complicités mystérieuses ont fait parvenir aux sentinelles des caisses de bon vin. Quelques centaines de mètres encore, tirés par le courant, poussés par un vent de secteur sud, et Leven nous quitte.

Seul dans sa plate dérisoire, il va affronter la mer qui commence à se creuser, les rafales contraires, et les soldats allemands, dont certains ne se sont peut-être pas enivrés.

Nous hissons la grand-voile, le foc, la trinquette. Le bateau est trop voilé sur l'arrière. Il se met en travers de la lame et, soudain, nous embarquons coup sur coup trois gros paquets de mer avant de pouvoir laisser tomber la corne.

Il était temps : le fond de la barque est plein d'eau jusqu'à mi-jambes. Maintenant, il faut vite écoper.

L'opération terminée, nous hissons de nouveau la grand-voile, cette fois en réduisant sa surface grâce aux garcettes que nous nouons autour du gui. Le bateau adopte alors une allure normale. Nous l'avons échappé de justesse.

La côte a disparu.

Cap plein nord. Thubé tient ferme la barre pendant que nous essayons de mettre le moteur en route. Hélas ! il a été noyé par les paquets de mer. Le seul résultat que nous obtenons est de contracter le mal de mer à force de respirer les émanations d'essence.

Le vent forcit, la mer se marque davantage. Bientôt nous naviguons dans des creux de six à sept mètres. Les lames, arrivant sur nous comme des montagnes aussi hautes que la pointe du mât, semblent devoir nous submerger.

Mais, tel un bouchon, nous surnageons.

Le vent doit être de 8 degrés Beaufort[2]. C'est trop pour une petite barque de 6,70 m, sans moteur, dont les voiles sont pourries.

Toutes les cinq minutes, mon estomac se contracte et je vomis de la bile. Thubé et Guyader exceptés, nous en sommes tous au même point.

Les embruns glacés nous transpercent littéralement.

« Écopez, l'eau monte ! »

À tour de rôle, entre deux hoquets, nous vidons péniblement le fond de la barque.

Un moment, pour exécuter ce travail, j'ai enlevé mes gants. Lorsque je cherche à les remettre, je ne trouve plus le gauche.

Peu à peu, avec indifférence, je vois cette main dénudée qui rougit et enfle, devient violette, et grossit jusqu'au point de tripler de volume. Bientôt sa couleur tend vers le noir.

---

2. 8 degrés Beaufort : 62-74 km à l'heure. À cette intensité, le vent brise les petites branches.

Ma main gauche est en train de geler mais mon mal de mer est tel que, pour l'instant, je m'en moque.

Je ne suis du reste pas le seul à subir les rigueurs de l'hiver ; Marcel Jassaud aura les deux pieds gelés pendant notre traversée.

Le jour se fait. La grand-voile est en lambeaux.

Au milieu du jour, un avion nous survole. Il perd de l'altitude et tournoie autour de nous : allemand ou allié ? Il s'éloigne.

Le vent faiblit toujours. D'après nos calculs, la côte ne devrait plus être loin.

Au crépuscule, nous la distinguons – mais la nuit l'absorbe presque aussitôt. Seul, un phare clignote. Une épaisse brume le gomme vite. Bien que nous soyons transis et malades, il semble raisonnable d'attendre le matin pour aborder la terre.

Lorsque le jour survient, elle a disparu. Nous sommes de nouveau seuls en mer. Bientôt, cinq points progressent vers nous. C'est un convoi allié. À quelques encablures, le premier bateau lâche une rafale de mitrailleuses juste au-dessus de nos têtes. Aussitôt, nous exécutons de grands signes, non sans amener les voiles en guise de bonne volonté.

« We come from France ! » hurle Marc Thubé.

Sa voix se perd dans le vent.

Le dragueur nous accoste. Nous embarquons et il prend le *S'ils te mordent* en remorque. Un équipage norvégien arme ce navire. Il vogue vers l'Atlantique et quinze jours de haute mer ne nous séduisent qu'à moitié. Enfin, tout s'arrange et nous voici transférés sur un destroyer anglais qui rentre à Plymouth.

Premier pain blanc ! Première cigarette blonde !

Le destroyer à quai, nous sommes pris en charge par la police. Il faut abandonner notre vaillant *S'ils te mordent.*

Avant d'être enfermés à double tour dans des cellules, nous bénéficions d'un casse-croûte monumental, que nous partageons amicalement avec nos geôliers. Pourtant notre mine pourrait être qualifiée de patibulaire. Pas rasés, le visage livide, vêtus de hardes trempées par les embruns, nous ressemblons à de parfaits clochards.

Dans nos cellules, étendus sur un bat-flanc et munis, par faveur spéciale, d'une seconde couverture, le sommeil nous écrase littéralement.

C'est à peine si je sens ma main gauche, grosse comme un gant de base-ball. C'est à peine si j'imagine que nous avons réussi notre évasion. Je plonge dans l'inconscience.

À notre réveil, le lendemain matin, quel étonnement de contempler ces barreaux ! Nous qui venions quérir la liberté...

Le vrai café chaud, les toasts, la confiture et, surtout, la sympathie des *bobbies*[3] effacent toute appréhension.

Deux voitures nous attendent pour nous conduire à Londres : quatre inspecteurs nous accompagnent.

On empile nos valises sur des galeries. Après avoir adressé des adieux à nos geôliers, nous voici partis vers Londres, alors capitale de la liberté.

---

3. Agents de police britanniques

4

Forces françaises libres

Londres, c'est d'abord le camp de *Patriotic School.*

Là, nous sommes interrogés et auscultés avec le plus grand soin. Des officiers de l'Intelligence Service nous posent, à tour de rôle, indéfiniment, les mêmes questions. Ils s'exercent à nous faire tomber dans des pièges, s'efforçant de provoquer des contradictions.

Des détails sont communiqués aux réseaux de la France occupée, pour vérification.

Il advient que l'un des internés se suicide. C'est un espion sur le point de se faire découvrir.

Bien logés, bien nourris, interrogés cinq à six heures par jour, mais libres le reste du temps, nous côtoyons des êtres bizarres. L'un d'entre eux parle une langue inconnue. Sans doute un originaire de l'Asie centrale. Capturé sur un sous-marin allemand où il était détenu comme prisonnier, il n'a fait que changer de garde. Personne ne comprend son langage, personne ne sait quel est son pays.

Un autre homme s'ouvrira les veines pendant notre séjour.

Huit jours suffisent pour nous blanchir. Un beau matin, une voiture des Forces françaises libres vient nous chercher à domicile.

Située dans Pembroke Garden, la maison d'accueil des FFL s'appelle *Pembroke Lodge.*

Nous sommes toujours civils et nous recevons la visite de nombreuses personnalités : René Pleven, Massigli, etc. Germaine Sablon vient chanter.

Voici mon frère René, libéré quarante-huit heures avant notre arrivée à *Patriotic School.* Il l'a échappé belle car, à deux jours près, on l'eût gardé pour contrôler nos dires. Déjà engagé, il a troqué son nom contre celui de Bollinger, afin d'éviter que notre famille ne soit inquiétée en France. Il a choisi ce pseudonyme en souvenir d'une marque de champagne. Ne voyant aucune raison de ne pas rester son frère, je m'engagerai sous ce même nom.

La grande cité a beau offrir l'échantillonnage le plus extraordinaire d'individus et de costumes, nos vêtements sont vraiment misérables, tout imprégnés de sel, tachés de cambouis. Ayant revêtu mes effets de rechange, eux-mêmes très froissés, j'essaie de faire nettoyer mes effets. Hélas ! mon anglais est exécrable. Enfin, je débusque dans le Soho une boutique qui ressemble à une teinturerie. J'y entre et expose les dégâts à un vieil homme, qui hoche gravement la tête. Il s'empare de mes hardes, les emporte, et revient quelques minutes plus tard avec trois livres sterling qu'il me tend.

Je me suis trompé d'adresse : j'ai pris pour une teinturerie l'échoppe d'un fripier. J'éprouve quelque peine à récupérer mon bien, car ce commerçant avait dû flairer une avantageuse opération.

Pembroke Lodge est un lieu de passage, une gare de triage. Une commission y sévit et, après nous avoir interrogés, nous aiguille vers différents secteurs.

Marc Thubé regagne l'armée de terre avec son grade de sergent. Il doit rejoindre une unité de reconnaissance motorisée. Pour moi, c'est différent. Je ne puis le suivre car je n'ai pas dix-huit ans ; on me propose de me faire entrer au lycée français de Londres.

Pour moi, seule solution : m'engager dans la marine, où cela est possible à partir de seize ans.

Ainsi je signe mon acte d'engagement dans les FNFL [1] pour la durée de la guerre plus trois mois.

1. Forces navales françaises libres.

Entre-temps, ma main gauche a pris des contours et une forme inquiétants. Me voici acheminé vers le dépôt londonien de Surcouf, à Clapham Common, où l'on me soumet à une série de rayons divers.

J'hérite d'un costume de marin : béret, vareuse, pantalon. J'apprends tout de suite que les marins sont des *matafs*, que le béret s'appelle *bachi*, que les vareuses doivent être retaillées et qu'il faut coudre à l'intérieur des jambes de pantalon des triangles de tissu appelés *flèches*, si l'on ne veut pas avoir l'air *tarte*. De même, une pièce percée de cinq sous doit servir d'arrêt aux crampons du pompon rouge et la cravate doit être mise en portefeuille si l'on ne veut pas qu'elle ressemble à un lacet de soulier.

Ces quelques jours passés à la caserne Surcouf restent fertiles en souvenirs.

Au dépôt, les Bretons sont rois. L'un est capitaine d'armes, l'autre cambusier, l'autre garde-mites, etc. Le soir, nous nous rassemblons autour d'une barrique coupée en deux et remplie à ras bord de vin rouge. Chacun, muni de son quart, plonge à volonté et l'on parle du pays.

Ma main va mieux et je dois rejoindre la caserne Bir-Hakeim, située près de Portsmouth.

Auparavant, j'ai droit à huit jours de permission et me voici hébergé dans une famille écossaise résidant à Aberdeen.

Un couple de quinquagénaires, deux filles d'environ vingt ans, et deux garçons plus jeunes encore, peut-être de quatorze ou quinze ans.

Que dire de l'accueil chaleureux réservé par mes hôtes ? J'ai honte d'avoir égaré leur adresse. Ils s'appelaient, je crois, Andersen.

De ce sympathique séjour je n'ai gardé qu'un seul mauvais souvenir – dont je porte la responsabilité d'ailleurs : celui d'un bain de mer. L'eau était si froide que ma main eut la mauvaise idée de reprendre sa forme recroquevillée d'avant son traitement.

Pourtant, une nuit, nous subîmes un violent bombardement, un des rares effectués contre le port d'Aberdeen, protégé par son éloignement des bases allemandes.

Et nous voici tous les sept réunis dans le noir le plus complet, assis sur les marches de l'escalier, pourquoi à cet endroit et non pas dans le salon ou mieux dans la cave ? Je ne le saurai jamais.

De Bir-Hakeim, je connus d'abord l'infirmerie.

Me voici couché, subissant une thérapeutique de choc. Une poulie est fixée au pied de mon lit ; dans cette gorge passent des fils qui relient les doigts de ma main gauche à un sac de sable. Ainsi, une lente pesée pourra, à la longue, allonger de nouveau mes tendons atrophiés. Chaque matin, l'infirmier ajoute dans le sac une cuillerée à soupe de gravier.

Le traitement s'avère plus pénible qu'il ne le semble au premier abord, mais il se révèle efficace. Un mois plus tard je suis jugé bon pour le service. On m'expédie aux recrues.

Aux recrues, on fait ses classes. On subit le « sacotage ». En un mot, on accomplit son service militaire. En temps de paix, cela dure un ou deux ans et tous les conscrits sont de la même génération. Ici, c'est différent. Nous devons tout apprendre en trois mois et les âges s'étalent de seize à cinquante ans. Ceux qui ne relèvent pas d'une situation militaire définie – le cas est fréquent – passent par les recrues.

Marche, maniement d'armes, cours théoriques, etc. Rien qui vaille la peine d'être conté.

En revanche, nos sorties à Portsmouth, le port le plus proche, sont plus typiques. Cette ville à moitié détruite par les bombardements regorge de marins de toutes nationalités : Anglais, bien sûr, mais aussi Américains, Polonais, Norvégiens, Belges, Australiens, etc.

À chaque sortie, nous sommes à peu près sûrs de nous trouver mêlés à une bagarre. Le style exige qu'on y aille carrément. Les culots de bouteilles de bière fournissent des armes efficaces et toujours à portée de la main.

Lorsque nous rentrons avec un œil au beurre noir ou une grosse bosse, nous pouvons nous estimer privilégiés. Ce n'est que demi-mal, car plus d'un parmi nous doit subir des points de suture.

Ce camp, en pleine campagne anglaise, offre un aspect assez inattendu. À part deux ou trois bâtiments destinés aux services généraux, les baraquements sont construits en bois et en tôle ondulée. Ils ressemblent à d'énormes barils de fer coupés en deux dans le sens de la longueur. On les appelle des « chalets », sans doute par dérision et l'on y couche dans des cadres à deux étages, pour le moins peu confortables.

Les recrues achevées, il faut (les FNFL se posent en armée de métier) choisir une spécialité et, par voie de conséquence, suivre un cours.

Mon bref séjour à l'hôpital m'amène à opter pour celui d'infirmier. Briant, quartier-maître chef, ne fut-il pas l'un des anciens compagnons de Charcot ?

Le cours est commencé. Nous sommes quatre. Un étudiant en médecine, Jean Le Men[2], un étudiant en pharmacie, Paul Kerebel, un officier de la marine marchande du nom, je crois, de Laurent, et moi.

Trois Bretons, un Normand, un nouveau médecin sympathique, le Dr Marcel et son adjoint le Dr Samamé, un Sud-Américain : notre cours promet d'être intéressant. Il le sera.

Quatre mois plus tard, nous « montons » à Londres pour subir notre examen. Nous ne sommes que trois. Laurent a tenté de se suicider en avalant un tube de barbituriques. Il n'a dû son salut qu'à la présence d'esprit de Jean Le Men qui l'a empêché de dormir en lui brûlant la plante des pieds avec un thermocautère ; et lui a fait ingurgiter une dose de strychnine.

Dans la joie – et l'alcool ! – nos premiers galons de laine rouge sont fêtés.

Novembre s'achève. Nous nous installons dans la facilité car être infirmier dans la marine traduit une position intéressante. Nous échappons aux corvées ; nous avons une dispense d'appel ; nous nous rendons souvent en ville pour chercher du

2. Plus tard nommé médecin auxiliaire, Jean Le Men rejoindra le bataillon des commandos en Hollande.

matériel ; nous sommes à même de rendre des services à tous, même au commandant du camp.

De plus, nous touchons cinq litres de rhum par semaine pour effectuer des préparations pharmaceutiques. Nous disposons des rations de vin des malades mis à la diète et nous pouvons fabriquer du « Pernod » grâce à l'alcool à 95° dont nous disposons à discrétion.

La guerre semble loin de la caserne Bir-Hakeim, et nos médecins logent en ville ainsi que les deux infirmiers diplômés, prérogative du grade laissant la garde de nuit aux quatre apprentis que nous sommes.

Je n'ai pas à les juger, mais cinquante ans plus tard, leur comportement me paraît contestable. Je n'évoque pas les incidents quotidiens (plaies par armes blanches que nous fûmes amenés à nettoyer puis à recoudre), mais seulement les cas les plus graves où leur présence eût été appréciée. Je songe notamment à la fin tragique d'un officier de la marine marchande. Humilié d'être affecté, probablement par erreur, aux recrues (il avait près de quarante ans), il se pendit dans sa guérite. Le Men tenta de lui faire une piqûre intracardiaque de novocaïne, hélas, sans résultat.

Il y avait beaucoup de maladies vénériennes dans la marine à cette époque, et l'on soignait la syphilis avec des piqûres de bismuth intramusculaires, et des piqûres de novare intraveineuses.

Un certain second maître borgne tenait essentiellement à officier, et régulièrement mettait quelques gouttes du médicament en dehors de la veine, d'où un œdème instantané et une grande douleur. Au premier cri du malade, il réclamait une bassine d'eau chaude pour y plonger le bras enflé. Comme nous avions prévu la scène, cette dernière était prête à l'avance. Il n'a jamais compris comment nous pouvions faire chauffer de l'eau aussi vite.

La médecine a beaucoup changé, Dieu merci, depuis la guerre.

5

Le béret vert

Vers la fin de l'année, un groupe de soldats de l'armée de terre vint à la caserne Bir-Hakeim pour s'organiser avant de monter à l'entraînement des commandos.

Les commandos, créés dès 1940, pour effectuer des coups de main en territoire ennemi et pour préparer le débarquement, étaient, dans les premiers temps, exclusivement formés de soldats anglais. Leur travail restait *très secret.*

Le commandant Kieffer, à l'époque lieutenant de vaisseau, eut l'idée de constituer une force française intégrée dans ce corps d'élite.

Les pourparlers furent longs et difficiles ; finalement, les Anglais se laissèrent séduire par la possibilité de disposer d'un certain nombre d'hommes parlant parfaitement le français. Cet objectif, plus que notre bonne volonté, détermina leur décision.

Ainsi se constitua le premier bataillon de fusiliers marins commandos. Il rendit de réels services aux Alliés en participant à de nombreux raids sur plusieurs point de la côte [1].

Une *troop* (nom donné à l'unité d'un commando, soit environ quatre-vingts hommes) était en voie de constitution sous la direction du lieutenant Amaury.

Marc Thubé figurait au nombre des « biffins ». Aussi n'hésitai-je pas à poser ma candidature, car la vie de dépôt me devenait de plus en plus fastidieuse.

Mon premier plaisir fut de troquer l'uniforme de la marine contre un *battle-dress.*

N'ayant pas encore droit au port du béret vert, orgueil des commandos, nous gardions le pompon – bien décidés à faire ce qu'il fallait pour échanger celui-ci au profit de celui-là.

Les commandos suivaient leur entraînement dans le fameux camp d'Achnacarry, perdu dans les montagnes d'Écosse.

À la porte du camp étaient alignées les tombes fictives de tous les hommes morts pendant l'entraînement. Une pancarte indiquait le nom

1. *Cf.* en annexe n° II la liste des Français ayant participé à des raids.

de l'homme et l'erreur qu'il avait commise car elle relevait, bien entendu, toujours d'une faute personnelle.

Cinquante pour cent à peine des volontaires revenaient d'Écosse avec le droit au port du béret vert.

Cette rigueur s'avérait nécessaire. Sans elle, jamais le débarquement du 6 juin n'eût réussi.

En ce début de l'année 1944, les Anglais poussaient au maximum leur préparation. Aussi avaient-ils ouvert un autre centre d'entraînement à Wrexham, dans le pays de Galles.

L'hiver était rigoureux. Une mince couche de neige recouvrait la campagne. Le camp, situé dans les faubourgs de la ville, était balayé par un vent glacial qui véhiculait de menus flocons de givre.

Les baraques en bois qui nous étaient destinées avaient été dépouillées des portes fermant chacune des extrémités. Le tuyau du poêle manquait et, dans les paillasses mises à notre disposition, la moitié du foin avait été remplacée par des détritus métalliques.

À onze heures du soir, nous dûmes trier les minces brindilles afin d'éliminer les objets étrangers puis, tant bien que mal, barricader les issues avec des couvertures et, faute de pouvoir faire du feu, attendre l'aube.

L'épreuve commençait.

Tout était fait pour nous dégoûter, pour éliminer les moins forts et, surtout, les moins décidés.

Chacun de nous pouvait, à tout moment, et sans encourir de sanction, regagner son unité de base. Ainsi les commandos ne réunissaient-ils que des volontaires conscients.

Lorsque, après une journée exténuante, nous venions de sombrer dans l'inconscience, soudain un instructeur faisait irruption dans notre chambre et criait : « Rassemblement dans dix minutes, tenue de campagne ; marche de nuit. »

Il fallait alors parcourir, à la boussole, les trente kilomètres prévus et, le lendemain matin, c'est-à-dire après deux ou trois heures de sommeil, être présents à la parade pour l'inspection, rasés de près, les cuivres faits, les armes astiquées, ayant laissé derrière nous une chambrée propre, balayée, une paillasse bien rangée, sur laquelle les couvertures devaient être pliées au carré, les vêtements disposés suivant un rite intangible qui poussait la manie jusqu'à exiger que notre paire de souliers de rechange présentât les clous de leurs semelles astiqués et brillants.

Peu à peu, ceux qui n'avaient pas la foi nous quittaient.

Les diverses épreuves constituaient, prises isolément, un exploit chacune. Le rythme auquel nous devions les subir en rendait la pratique infernale.

Les sept miles d'abord, soit environ 11 km et 200 m. L'unité devait parcourir cette distance en moins d'une heure, avec le havresac sur le dos, c'est-à-dire environ trente kilos et un fusil ou une arme automatique. Nous appelions cela des *speed marches* car il fallait courir au pas de gymnastique pendant au moins la moitié du temps de l'épreuve.

Il suffisait de rater l'arrivée une seule fois pour se trouver impitoyablement éliminé.

Cette rigueur avait certainement pour but de se débarrasser des mauvais camarades plus que d'effectuer une sélection physique.

Quelles que soient les qualités sportives d'un candidat, il arrivait en effet toujours qu'il éprouvât à un certain moment une défaillance. S'il ne faisait pas corps avec le groupe, on le laissait sur le bord de la route ; il lui restait à reprendre le train le soir même.

Dans le cas contraire, des copains lui venaient en aide, portant son fusil ou son sac.

Je dois à la camaraderie d'avoir pu finir mon entraînement : merci Galton, Moguerou, Guyader, Jovenin, Maler et bien d'autres.

Ne m'avez-vous pas aidé, allant, je me le rappelle, jusqu'à me traîner dans le coma vers l'arrivée...

Ainsi se créait un esprit d'équipe qui complétait notre entraînement physique.

Le parcours du combattant. Il fallait, en un temps limite, parcourir une distance semée d'obstacles, enjamber des palissades, ramper sous des rouleaux de barbelés, traverser une rivière à la nage, grimper à un arbre, pour gagner, à plat ventre sur une corde tendue horizontalement, la cime d'un autre, sauter à terre le fusil à la main, escalader une côte abrupte, et, au sommet, tout essoufflé par l'effort, vider le chargeur de l'arme dans une cible mobile.

Le saut du camion. Sur le vaste terre-plein du camp, des camions évoluaient à quelque soixante kilomètres à l'heure. Massés par petits groupes dans le fond du véhicule, nous prenions notre élan à un signal donné et nous devions, arrivés à la limite arrière du camion, sauter la tête la première. La vitesse nous redressait alors, du moins si nous n'avions pas marqué d'hésitation. Dans le cas contraire, cette même vitesse travaillait toujours mais, cette fois, pour nous faire coucher brutalement sur le dos. Quatre d'entre nous furent ainsi blessés (fractures des bras ou du crâne), soit plus de 5 % pour ce seul exercice.

La boxe. Nous étions divisés en deux groupes de même nombre, alignés par rang de taille. À un signal, les deux chefs de file montaient sur le ring improvisé. Ils devaient, pendant cinq minutes, se tabasser copieusement jusqu'à la limite ou le K.-O., immédiatement remplacés par les suivants.

L'escalade des falaises. Cette épreuve se passait dans le sud de l'Angleterre, près de Lewis.

Nous devions, piochant dans la paroi crayeuse, nous hisser au sommet.

Le toggle rope. Il s'agissait d'une solide corde, longue d'environ une brasse, munie à ses extrémités d'un œil et d'un cabillaud en bois. L'un devant pouvoir rentrer dans l'autre.

Il était destiné à nous permettre de franchir des obstacles, et principalement les rivières. On pouvait l'utiliser de deux manières :

1) Un volontaire ayant franchi la difficulté, un filin était tendu entre le sommet d'un arbre et le lieu que nous voulions joindre. Il suffisait alors, après avoir escaladé le tronc jusqu'à son faîte, de jeter notre corde individuelle par-dessus le rail improvisé, et tenant solidement notre *toggle rope* par ses extrémités, de se laisser glisser.

2) Si l'obstacle était trop large par rapport à la hauteur de l'arbre, ou encore si nous devions transporter du matériel relativement lourd, nous pouvions confectionner un pont en quelques secondes.

Nous marchions en rang par cinq. « Halte ! », hurlait notre instructeur « alignement ». C'était le point le plus délicat, car la distance entre nous était fondamentale, et devait être respectée au centième près.

Il fallait alors avec nos camarades les plus proches marier les éléments mâles et femelles : dans le sens de la longueur pour les colonnes 1, 3 et 5, dans le sens de la largeur pour les colonnes 2 et 4. Nous obtenions ainsi instantanément un pont de lianes (dit encore pont de singe), d'une résistance à toute épreuve et dont la longueur pouvait être sans limites. Les filières 1 et 3 servaient à mettre les mains, tandis que la 2 était destinée à soutenir nos pieds.

Nous n'eûmes pas l'occasion d'utiliser cette méthode pendant la campagne de Normandie, mais nos camarades britanniques l'employèrent souvent avec succès en Extrême-Orient.

La descente de la tour. C'était un vieux donjon de briques brunes, très « Malborough ». Munis d'une simple corde de rappel, nous devions en escalader et en descendre les parois.

PT, autrement dit culture physique. Tous les matins, nous avions droit à une demi-heure de « PT ». Il importait simplement de jongler avec un tronc d'arbre. À dix ou douze de chaque côté, nous nous renvoyions un tronc de cinquante centimètres de diamètre.

Une mauvaise manœuvre, quelques camarades tire-au-flanc, et l'énorme masse écrasait la brochette, provoquant ainsi de sérieuses blessures.

Les marches de fond. Dans la neige et le froid, avec l'équipement au complet, nous nous élancions pour couvrir 50 km, sans qu'aucune pause soit prévue. Munis d'une seule veste de toile, nous revenions trempés de sueur, les pieds en sang. Il fallait alors arracher d'un coup sec les chaussettes, collées par le sang coagulé.

Instruit par l'expérience, je pris l'habitude, avant ces manœuvres, de me taillader la plante des pieds avec une lame de rasoir. Ainsi les ampoules en formation se vidaient lors de la rencontre avec les coupures sans s'étendre indéfiniment en décollant le derme de l'épiderme.

Tir d'entraînement. Lorsque nous tirions au fusil-mitrailleur, les *Bren guns*, ou à la mitraillette, les *Thomson machine guns*, nous disposions d'autant de munitions que nous le désirions. Il en était de même pour les grenades ou pendant les cours de sabotage. Jamais les explosifs, plastic ou 808, ne nous furent ménagés. C'était le côté agréable de l'entraînement des commandos.

Dans ce même ordre d'idées, nous apprenions à monter et à démonter nos armes les yeux bandés. On nous attribuait une limite de temps : soixante secondes par exemple pour le Bren. Nous acquérions ainsi une connaissance consommée de nos armes.

Le close combat. L'instruction, en cette discipline, était accélérée au maximum, ce qui avait pour conséquence de provoquer des accidents graves. Que de fois l'un d'entre nous ne resta-t-il pas assommé plusieurs heures parce que les cours avaient été activés au-delà des progrès possibles ! Les bras démis ne manquaient pas et ce fut miracle qu'on n'enregistrât point de cas mortel.

Les manœuvres. On marche à la boussole la nuit, attaques et défenses simulées avec les rouges et les bleus ! Rien ne change rapidement, mais à l'époque ces exercices s'effectuaient à tir réel.

Après trois mois de ce régime, nous avions fondu : il eût été impossible de réunir deux livres de graisse dans toute l'unité. Notre effectif aussi avait diminué. Nous nous comptions faiblement une quarantaine.

Nous étions fiers car nous allions recevoir le béret vert.

Durant ces trois mois, nous avions durci notre corps, affermi notre volonté. Nous avions appris le métier des armes en pratique, certes, mais aussi en théorie grâce à des conférences et à des projections de films documentaires.

Nous nous métamorphosions en soldats libres et pensants.

Nous étions prêts.

6

Un privilège

Après avoir réussi à surmonter l'épreuve du training et touché notre béret vert, ce qui restait de la *troop* séjourna quelque quinze jours à Greenpark avant de rejoindre le bataillon, alors cantonné à Bexhill-on-See. À cette époque, les Français formaient deux *troops* de soixante-dix hommes chacune, la 1 et la 8.

Ils étaient rattachés au commando anglais n° 4, que dirigeait le colonel Dawson.

Notre arrivée permit de constituer une troisième *troop*, d'un type plus spécial. On la dota d'une arme alors secrète, la K-gun, mitrailleuse légère à grand débit.

Le service médical se composait du médecin-capitaine Lion et du quartier-maître, chef infirmier Bouarfa.

Il manquait un infirmier.

Ma venue arrangeait évidemment les choses. Aussi me retrouvai-je bientôt une seringue à la main.

Bien qu'un peu déçu, je n'étais pas au fond mécontent, car le Dr Lion exprimait une personnalité attachante. Résistant dès 1940, il avait gagné l'Afrique du Nord pensant, par ce chemin, arriver à joindre Gibraltar, mais il avait été arrêté à Oran sur dénonciation. Il resta interné au camp d'Ifrane près de deux ans. Il y fut torturé par des gardes – plus tard retraités et décorés. Ultérieurement, il s'évada et regagna Londres.

Pacifiste convaincu, méprisant le danger, quoique l'évaluant à sa juste valeur, il faisait partie de ceux qui affirmaient que « des baïonnettes pensantes pouvaient vaincre des divisions blindées ». Il mourut, ses galons d'officier bien en évidence, pour défendre un monde auquel il ne croyait sans doute plus.

Bouarfa, solide Nord-Africain, était un charmant compagnon, volontaire pour libérer la France – la France qui, à cette époque, demeurait son pays. Il se considérait comme notre frère et nous le considérions comme le nôtre.

OVERLORD

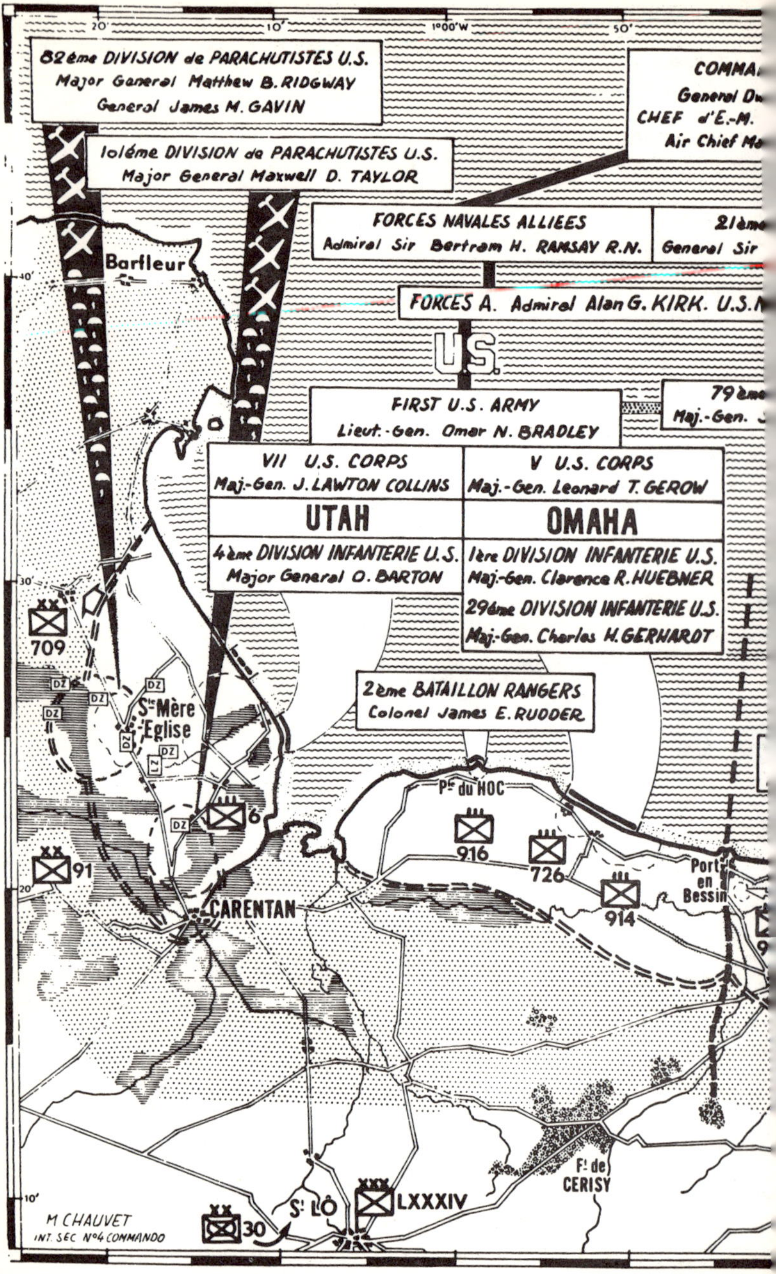

20'
10'
1°00'W
50'
82ème DIVISION de PARACHUTISTES U.S.
Major General Matthew B. RIDGWAY
General James M. GAVIN
101ème DIVISION de PARACHUTISTES U.S.
Major General Maxwell D. TAYLOR
FORCES NAVALES ALLIEES
Admiral Sir Bertram H. RAMSAY R.N.
FORCES A. Admiral Alan G. KIRK. U.S.N
U.S.
FIRST U.S. ARMY
Lieut.-Gen. Omar N. BRADLEY
VII U.S. CORPS
Maj.-Gen. J. LAWTON COLLINS
UTAH
4ème DIVISION INFANTERIE U.S.
Major General O. BARTON
V U.S. CORPS
Maj.-Gen. Leonard T. GEROW
OMAHA
1ère DIVISION INFANTERIE U.S.
Maj.-Gen. Clarence R. HUEBNER
29ème DIVISION INFANTERIE U.S.
Maj.-Gen. Charles H. GERHARDT
2ème BATAILLON RANGERS
Colonel James E. RUDDER
Barfleur
40'
30'
20'
10'
709
DZ
Ste Mère Eglise
6
91
CARENTAN
Pte du HOC
916
726
914
Port en Bessin
Ft de CERISY
St LÔ
LXXXIV
30
M CHAUVET
INT. SEC N°4 COMMANDO

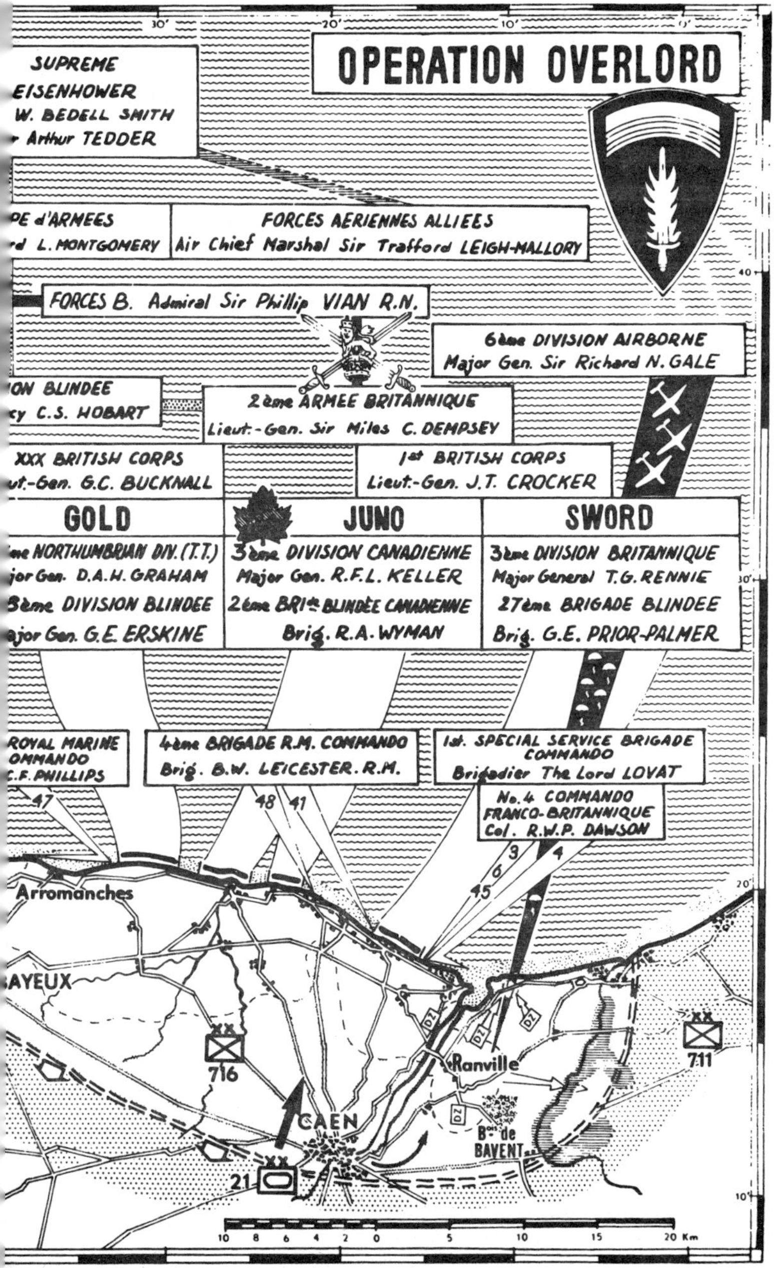

OPERATION OVERLORD
SUPREME
EISENHOWER
W. BEDELL SMITH
r Arthur TEDDER
PE d'ARMEES
rd L. MONTGOMERY
FORCES AERIENNES ALLIEES
Air Chief Marshal Sir Trafford LEIGH-MALLORY
FORCES B. Admiral Sir Phillip VIAN R.N.
6ème DIVISION AIRBORNE
Major Gen. Sir Richard N. GALE
ION BLINDEE
cy C.S. HOBART
2ème ARMEE BRITANNIQUE
Lieut.-Gen. Sir Miles C. DEMPSEY
XXX BRITISH CORPS
ut.-Gen. G.C. BUCKNALL
1st BRITISH CORPS
Lieut.-Gen. J.T. CROCKER
GOLD
JUNO
SWORD
me NORTHUMBRIAN DIV. (T.T.)
jor Gen. D.A.H. GRAHAM
8ème DIVISION BLINDEE
ajor Gen. G.E. ERSKINE
3ème DIVISION CANADIENNE
Major Gen. R.F.L. KELLER
2ème BRIde BLINDEE CANADIENNE
Brig. R.A. WYMAN
3ème DIVISION BRITANNIQUE
Major General T.G. RENNIE
27ème BRIGADE BLINDEE
Brig. G.E. PRIOR-PALMER
ROYAL MARINE
OMMANDO
C.F. PHILLIPS
4ème BRIGADE R.M. COMMANDO
Brig. B.W. LEICESTER. R.M.
1st. SPECIAL SERVICE BRIGADE
COMMANDO
Brigadier The Lord LOVAT
No. 4 COMMANDO
FRANCO-BRITANNIQUE
Col. R.W.P. DAWSON
47
48
41
3
4
6
45
Arromanches
AYEUX
716
CAEN
21
Ranville
DZ
Bois de
BAVENT
711
10 8 6 4 2 0 5 10 15 20 Km
30'
20'
10'
0'
40
30'
20'
10'

Ce plan de l'Opération Overlord groupe, sur une carte schématique, les prévisions et les résultats de l'assaut, et l'articulation des QG par rapport aux forces d'exécution.

Sous la haute autorité du SHAEF (Supreme Headquarters, Allied Expeditionary Forces), il y a les trois adjoints des trois armes dirigeant les forces d'assaut A et B, divisant les Alliés par nationalités.

La position de la 79e division blindée britannique, de Sir Percy C. S. Hobart, est spéciale : seule cette unité est présente sur les cinq plages.

Les trois divisions aéroportées sont signalées par des flèches noires ; les indications DZ et LZ *(Dropping Zone et Landing Zone)* correspondent aux prévisions du plan, fort inégalement suivies surtout dans le Cotentin.

Les actions Commandos et Rangers sont indiquées en dehors des débarquements de divisions. Il s'agit d'actions exécutées en flanc des débarquements principaux, et simultanément :

– N° 48 et 41 RM Cdo, jonction des plages Juno et Sword ;

– N° 4 Cdo franco-britannique, prise de Ouistreham ;

– 1st SS Brigade, jonction avec la 6th Airborne Div. ;

– N° 47 RM Cdo, prise d'Arromanches, intacte, pour y établir un port artificiel ; en fait, le n° 47 RM Cdo libère également Port-en-Bessin le 7 juin.

Sur le terrain, la double ligne de tirets indique les objectifs du 6 juin ; les trois flèches blanches, les trois axes de poussée prévus pour les attaques de chars ; les zones blanches correspondent au terrain réellement conquis le 6 juin. On constate que la différence (gris léger) est importante : la ville de Caen, prévue pour une conquête rapide, et destinée à servir de plate-forme de départ aux combats de chars, ne sera prise que trente-cinq jours plus tard.

Les zones indiquées en lignes horizontales serrées représentent les inondations provoquées volontairement par les Allemands. Des centaines de parachutistes américains y perdirent la vie ; mais ces zones neutralisées devaient gêner autant les Allemands que les Alliés.

La position des troupes allemandes nous a tendu un redoutable traquenard : il s'agit de la 7e Armée, en plein mouvement. Les divisions allemandes sont schématisées par des rectangles surmontés de croix, indiquant le nombre de régiments. Nous trouvons dans le Cotentin les 709e et 91e divisions ; couvrant les plages du Calvados, la 716e division, dont le QG théorique est à Caen.

La 711e division, au-delà de l'Orne, appartient déjà à la 15e Armée, qui couvre la côte jusqu'en Hollande.

Saint-Lô est occupé par le 84e corps et la 352e division, dont une partie sera le 6 juin en manœuvres à Omaha.

La 30e Panzer division et la 21e division blindée, en mouvement, interviendront le 6 juin, en fin d'après-midi.

Les régiments sont figurés par des rectangles, les petits traits au-dessus indiquant le nombre de bataillons. Seules les positions du front principal sont détaillées. Par exemple, la 709e division tenait des positions jusqu'à Cherbourg ; la position de ses unités qui ne sont pas intervenues le premier jour a été volontairement omise.

À la base de la presqu'île du Cotentin, le 6e régiment, à trois bataillons, est une unité parachutiste : elle se mesurera par une curieuse ironie du sort aux 101e et 82e Airborne divisions US.

7

6 juin – matinée

À l'apparition de ce jour le plus historique d'une guerre dont tant de femmes et d'hommes veulent connaître la fin, le passé s'évanouit doucement, au rythme des flots.

J'ai quitté la somnolence et le demi-rêve, l'évocation intime.

Je regarde autour de moi, muet comme les autres et je m'interroge : qui suis-je, collégien en rupture de ban, pour oser m'attaquer les mains nues aux panzers nazis qui ont conquis l'Europe et fait trembler l'éternelle Russie ?

Mais l'important, ce n'est pas qui je suis ni ce que nous sommes, êtres de chair et de sang ballottés dans des petites barques de bois devant le puissant mur de l'Atlantique, l'important c'est ce que nous représentons de vérité, de volonté, c'est l'héritage que nous détenons comme une dette qui nous vient de ceux qui nous ont précédés, morts pour les mêmes raisons qui verront beaucoup d'entre nous trépasser en ce jour le plus long.

À cinq heures, lorsqu'un marin ouvre le capot, beaucoup d'entre nous sommeillent encore. Il a crié quelque chose voulant dire : « C'est l'heure. »

Le jour blafard se lève. À perte de vue, la flotte immense ponctue de taches grises l'Océan gris.

Des bateaux, des milliers de bateaux. Plus de cinq mille, de tous genres, nous dit-on aujourd'hui. Alentour, se trouve réunie, pour la première fois, la plus grande armada de tous les temps.

Les moteurs se sont tus. Pas un bruit. La brume achève de se dissiper, laissant apercevoir, là-bas, vers le sud, une mince bande noire : la terre de France. Au-dessus des barques, de gros ballons gris antiaériens donnent au spectacle un côté étrange. À quelques encablures à bâbord, un destroyer norvégien coule silencieusement. Il coule comme dans les films, bêtement, l'arrière sorti de son élément, l'avant déjà invisible. Dans un ordre parfait, les canots font la navette entre l'épave et un gros convoi de troupes.

Ainsi qu'à l'approche d'un orage, le calme insolite semble trop lourd, insupportable : il ne peut pas durer.

Soudain ! Ce n'est pas le tonnerre, c'est la canonnade. Les pièces d'artillerie de cinq mille bateaux tirent à la même seconde. Le bruit est tel qu'il devient impossible de différencier les rafales de mitrailleuse des coups de canon. Il n'y a plus qu'un effroyable roulement.

Notre bateau a repris sa route. Seule sa vitesse a pu nous l'apprendre, car le bruit des moteurs se trouve comme gommé.

Nous fonçons vers la côte, laissant derrière nous le gros de la flotte.

Les batteries allemandes, brusquement éveillées, commencent à donner la réplique. Çà et là des gerbes d'eau nous encadrent. Elles sont grises et ternes. Pas la moindre gouttelette lumineuse, tant les fines retombées de poudre ont imprégné la mer.

À gauche, le casino de Ouistreham, avec ses lance-flammes rougeoyants ; droit devant, un petit château rococo qui doit nous servir d'amer. Quelques encablures encore, et nous allons échouer. Les barges de nos camarades anglais nous laissent prendre plusieurs mètres d'avance. Ainsi l'a voulu le colonel Dawson : les Français seront les premiers.

« Thank you, sir ! » Nous apprécions le geste.

Massés sur le pont, nous attendons, prêts à bondir. Maurice Chauvet, agent de liaison, apporte une note surréaliste au spectacle en prodiguant tous ses soins à une curieuse bicyclette pliable qui n'eût pas déparé le premier Tour de France.

Enfin, c'est un choc mou et la barge s'immobilise, à quelque cent mètres de la grève. Les marins, rapides, précis, efficaces, déploient de chaque côté de la proue deux passerelles. Quelques-uns d'entre eux sont blessés. Ils se taisent, allongés calmement, ne réclamant aucun secours tant ils gardent conscience que rien ne doit perturber, ne serait-ce que de quelques secondes, le délicat mécanisme de l'action qui va suivre.

C'est alors la descente des hommes, sous le poids écrasant des havresacs.

L'ennemi ajuste son tir. Bientôt, nos passerelles sont emportées par un tir d'obus. Sous l'étrave, parmi les débris de bois, des hommes blessés se noient. L'eau qui emplit leur bouche les empêche d'appeler au secours.

Objectif numéro un : débarquer les troupes dans un minimum de temps.

L'hélice bat en arrière et nous accostons l'autre barge. Par elle et par ses passerelles intactes, nous accédons à la mer.

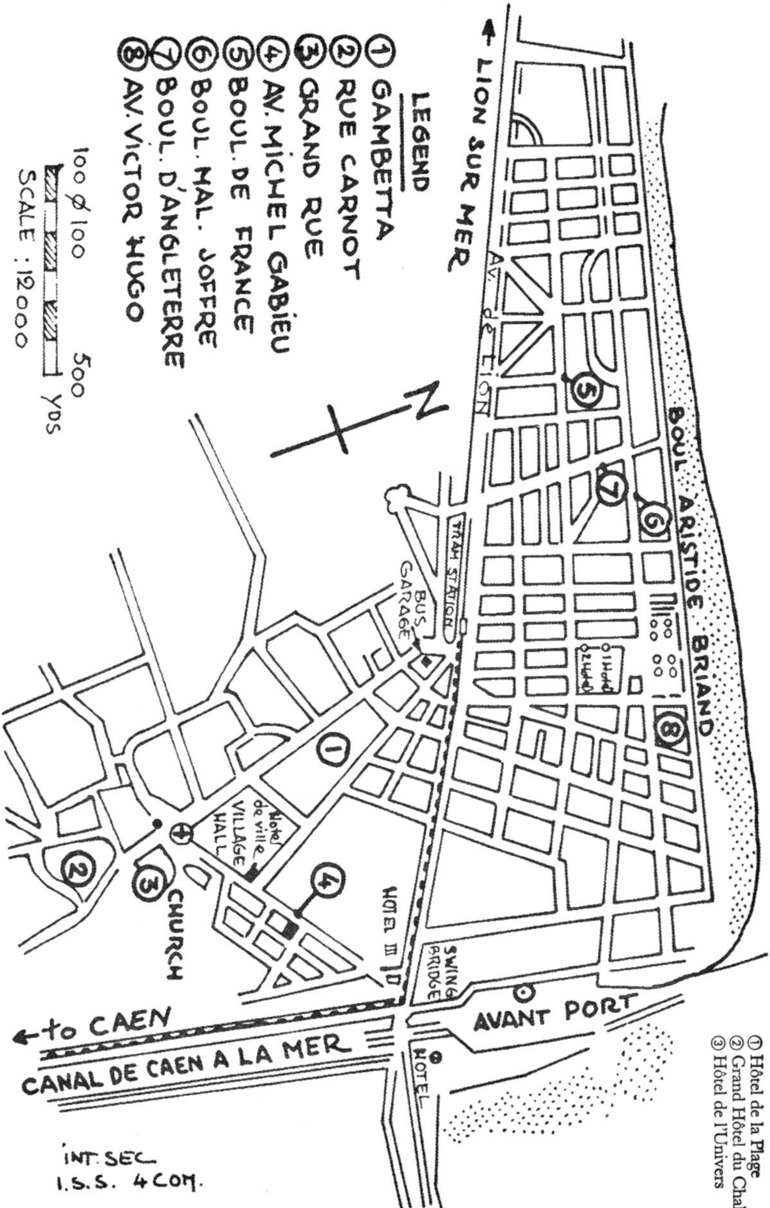

① Hôtel de la Plage
② Grand Hôtel du Chalet
③ Hôtel de l'Univers

OUISTREHAM – MOST SECRET

De l'eau jusqu'à la poitrine, quarante kilos sur le dos, les armes tenues au-dessus de la tête, les cent premiers mètres nous séparant de la plage sont couverts avec lenteur tant il est difficile de se mouvoir en hâte dans l'élément liquide. Çà et là, un camarade tombe, frappé d'une balle de mitrailleuse, d'un éclat d'obus, d'une bombe de mortier. Serrer les dents et arriver... Arriver... La plage. Le sol semble monter, c'est bon signe.

Soudain, une gerbe liquide à peine à un mètre : peut-être un obus de mortier. Heureusement, l'eau atténue les éclats... Serrer les dents... Voici la grève. Chose curieuse, peu d'entre nous conserveront le souvenir d'avoir été mouillés pendant ce bain insolite.

Derrière, les barges sont reparties à toute vitesse, pour faire place à d'autres bateaux. Devant, c'est déjà le charnier. Des hommes sont allongés, morts ou blessés, parmi les entonnoirs de bombes, les chevaux de frise et les obstacles antichars. Il y a là, pêle-mêle, unis à leurs camarades anglais, plusieurs compatriotes, les uns geignant, les autres figés dans des positions inattendues.

Plus tard j'apprendrai leurs noms : ce sont les lieutenants Vourc'h et Pinelli, les commandos Dumanoir, Laventure, Lahouze, Casalonga, Leostic, Cabellan, Piaugé, Flesch, Beux, Rousseau, Bucher.

Fac-similé réduit (dimension réelle 21 × 31 cm) du plan de Ouistreham, remis aux hommes du n° 4 Commando, dans la nuit du 5 au 6 juin, et sur lequel ils virent pour la première fois écrit le nom du lieu d'assaut.

Tiré sur stencil, ce plan fut établi d'après le plan n° 86 de l'ouvrage *through-way town plans of France* [1], et à l'aide de détails relevés sur des photos aériennes.

Signé « Int. Sec. ISS 4 Com. » (Intelligence Section 1st Special Service Brigade n° 4 Commando), il avait été tracé par le sergent Sellars et le sapeur Brian Mullen (tué le 6 juin après-midi, alors qu'il tentait de sauver un blessé au passage de Pegasus Bridge). Certaines précisions avaient été demandées au caporal Maurice Chauvet (Intelligence Section, *Troop 8*), qui exécuta une partie des dessins d'étude : toutefois, il ne fut autorisé à travailler que sur des cartes sans indications de lieux.

La France était alors « terre inconnue », en dépit des informations apportées par les photos aériennes. Dès 1941, on avait demandé au public britannique, par voie de presse, tout ce qui pouvait concerner la France : cartes Michelin, cartes postales ou photos de vacances. C'est ainsi que des détails importants sur les sables de la baie de Seine avaient été trouvés dans un numéro de la *Revue d'Archéologie* de Basse-Normandie, publié vers 1898.

---

1. *Through-way town plans of France GSCS* (Misc.) n° 77 (2). Published by the Directorate of Military Survey and the Inter-Service Topographical Department, 1944.

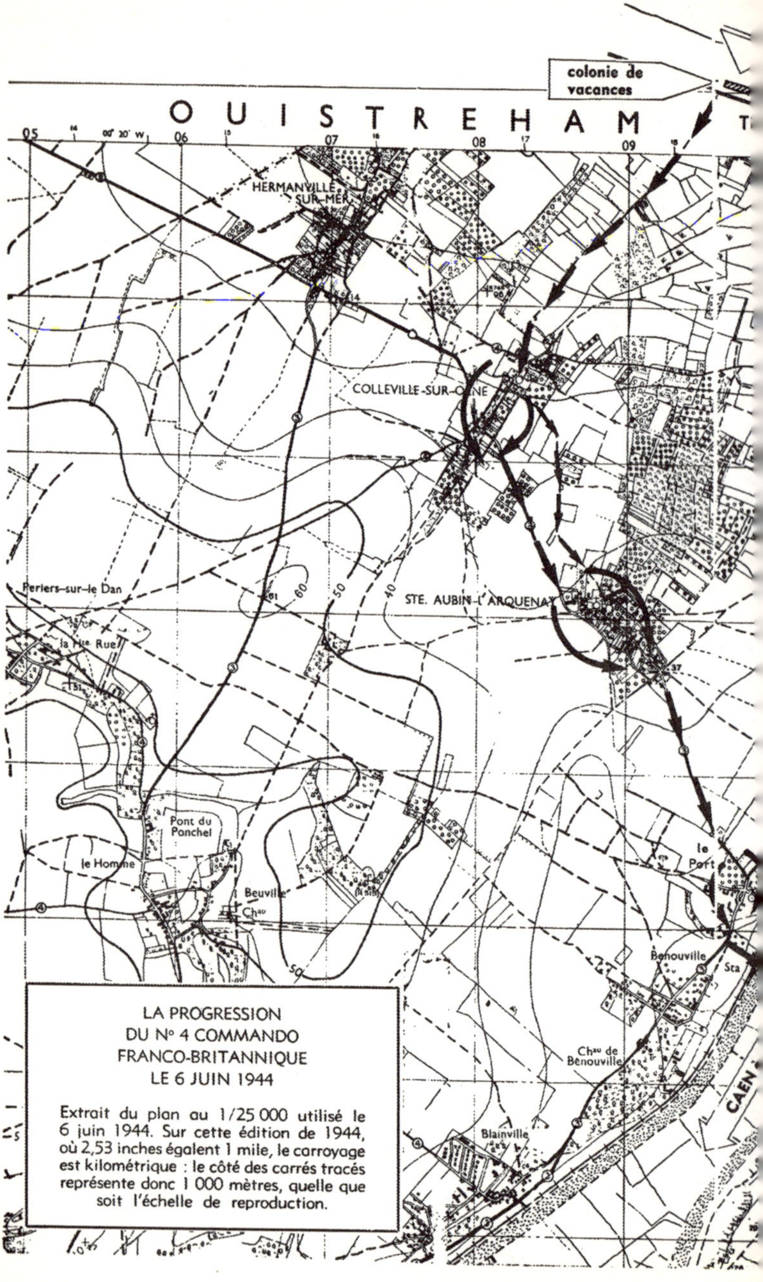

LA PROGRESSION
DU N° 4 COMMANDO
FRANCO-BRITANNIQUE
LE 6 JUIN 1944

Extrait du plan au 1/25 000 utilisé le 6 juin 1944. Sur cette édition de 1944, où 2,53 inches égalent 1 mile, le carroyage est kilométrique : le côté des carrés tracés représente donc 1 000 mètres, quelle que soit l'échelle de reproduction.

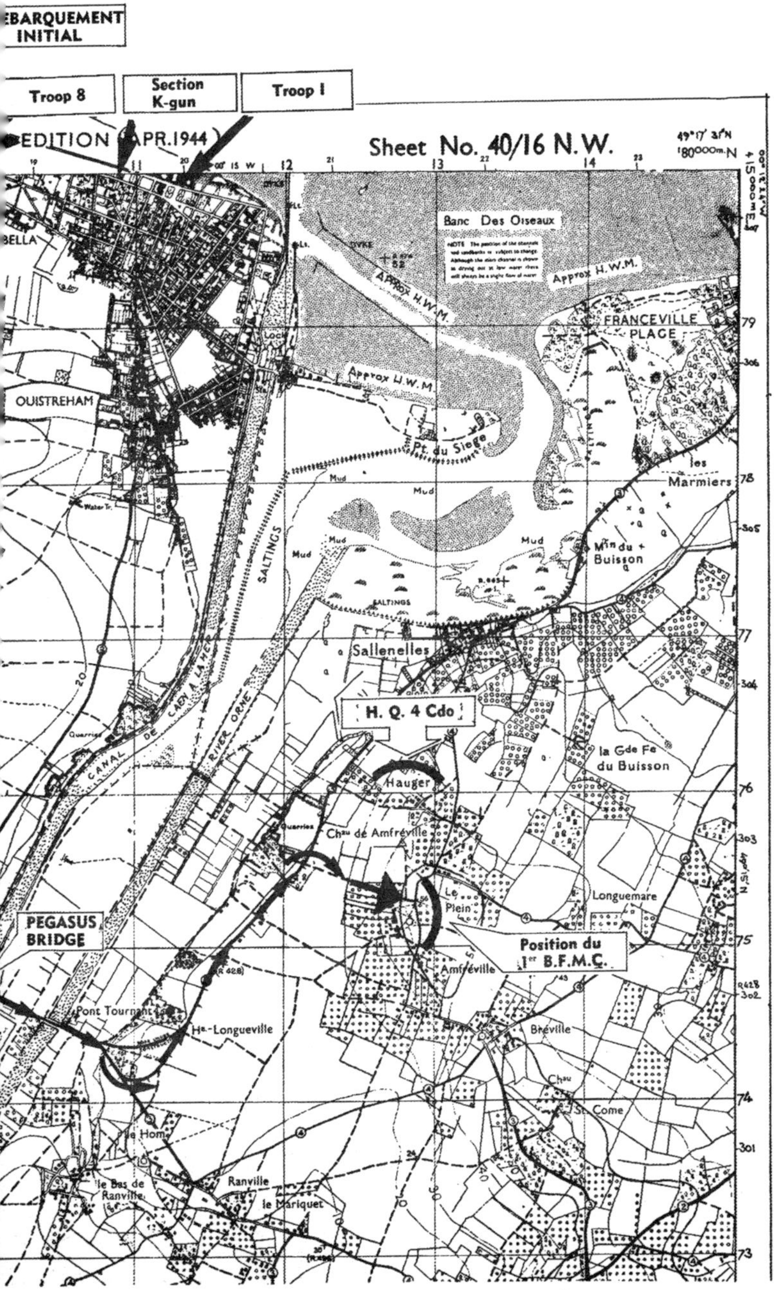
DEBARQUEMENT INITIAL
Troop 8
Section K-gun
Troop I
EDITION (APR.1944)
Sheet No. 40/16 N.W.
Banc Des Oiseaux
Approx H.W.M.
FRANCEVILLE PLACE
OUISTREHAM
Pt. du Siege
les Marmiers
Mud
SALTINGS
Mln du Buisson
Sallenelles
CANAL DE CAEN A LA MER
RIVER ORNE
H. Q. 4 Cdo
la Gde Fe du Buisson
Hauger
Chau de Amfréville
Le Plein
Longuemare
PEGASUS BRIDGE
Position du 1er B.F.M.C.
Amfréville
Pont Tournant
Ht-Longueville
Bréville
Chau
St Come
le Hom
le Bas de Ranville
Ranville
le Mariquet

Les instructions sont formelles : ne pas s'occuper des blessés sur la plage et suivre la vague d'assaut.

Au faîte de la dune, un rouleau de fil de fer barbelé, pareil à une couronne d'épines coiffant le front de notre pays crucifié, en interdit l'accès. Armé d'une pince, calme et précis, Thubé s'applique à y pratiquer une brèche. Il reste apparemment insensible à ce qui l'entoure.

Tout près de lui, j'aperçois le commandant Kieffer, étendu et blessé. Juste le temps, en attendant que Thubé ait fini son travail, de m'en occuper. Un coup de ciseau dans le pantalon de son *battle-dress* et je vois qu'il s'agit d'un éclat dans la cuisse. Un pansement, une piqûre de morphine... Bonne chance, commandant !

Par la brèche, nous nous engageons. L'un des premiers à passer, le colonel Dawson, est bientôt étendu, grièvement blessé, mais de l'autre côté de l'obstacle, sur la terre de France. Chaque fois qu'un Anglais passe, il l'encourage à sa façon : « Come on F... B... »

Et lorsqu'il reconnaît l'un d'entre nous : « Allez-y les enfants ! »

À quelque distance, c'est le lieutenant Mazeas blessé au bras et aux poumons (il décédera après la guerre des suites de ces lésions). Pansement, morphine.

« Salut lieutenant ! on va au casino. »

Un coup d'œil en arrière, avant « d'entamer » la ville.

Les Alliés sont maîtres de la plage. À l'ouest, à moitié dans l'eau, un char amphibie brûle. Les flammes jaillissent, enveloppées d'une fumée noire, triste, lugubre. La flotte est toujours là, elle clignote de ces cent milliers de coups de canon. Le bruit, ce roulement ininterrompu qui nous assourdissait tout à l'heure, nous ne l'entendons plus tant il n'a pas cessé une seconde. La machine humaine s'habitue.

Tout près, sur ma gauche, deux commandos réduisent avec méthode et précision, grâce à un lance-flammes portatif, un petit blockhaus récalcitrant.

Le terrain vague que nous traversons était signalé comme miné.

Nous l'abordons en file indienne, pour diminuer les risques. Chance ou mauvais renseignements, ce qui reste de notre *troop* se retrouve sain et sauf sur la grand-route.

La rue qui va de La Brèche à Ouistreham est longue d'environ deux kilomètres.

Le petit groupe dans lequel j'évolue commence sa progression. Celui-ci est à vrai dire disparate. Des commandos anglais de différentes *troops*, quatre ou cinq Français.

Qu'importe ! Ce qu'il faut, c'est arriver par le revers du casino en même temps que la section qui doit l'affronter de côté, afin de détruire les batteries qui tirent sur la flotte.

Le cheminement est dur, car les *snipers* [1] embusqués dans les ruines des maisons retardent notre avance en nous infligeant de sérieuses pertes.

Soudain, derrière nous, un grondement tout proche. Un « DD », char amphibie, a réussi à prendre pied sur la côte : il avance, imperturbable. Nous le laissons passer et, profitant de cette protection inespérée, nous lui emboîtons le pas. Un obus à droite, un obus à gauche, de précieux mètres sont ainsi rapidement grignotés.

À un croisement, tels des somnambules, trois ou quatre civils sortent d'un amas de décombres, hébétés par le bruit. Ils nous font signe de la main.

« Ça gaze ! » leur crie l'un d'entre nous.

Stupéfaits de nous entendre parler français, ils ne savent que répondre. On leur expliquera une

1. Tireurs d'élite munis de fusil à lunette.

prochaine fois ; d'ici là il ne faut pas lâcher le tank d'une semelle [2].

Suivi des éléments anglais, le char arrive au niveau du casino et continue sa route vers le port. Nous l'abandonnons. Pourtant, sa présence de monstre marin était bien rassurante. Mais la « salle de jeu » nous attend.

Le reste de la *troop* nous y rejoint et l'assaut commence. PIAT, Bren et K-gun sont en batterie. Cela « chauffe » pas mal. Les Allemands se défendent avec énergie.

Dans une masure en ruine, l'abbé de Naurois donne la communion à quelques Irlandais encore tout étonnés de se battre aux côtés des Anglais.

Au milieu d'eux un camarade français : Léon Gautier (pourquoi citer son nom plus spécialement ? Eh bien, parce que plus tard il me confiera, ému et fier : « Tu sais, Bollinger, c'était ma première communion ! »).

Le Dr Lion a installé son poste de secours au creux d'un énorme entonnoir de bombe. Je vais l'y rejoindre.

---

2. Certains civils payèrent très cher la libération de leur pays. Ainsi, M. et Mme Mousset, alors jeunes mariés, perdirent leur deuxième enfant du fait de la guerre. La maman, blessée à la jambe, fut évacuée sur l'Angleterre, où elle dut être amputée. Son mari s'engagea dans l'armée britannique jusqu'à la fin des opérations.

« Ça va, docteur ?

– Pas très fort. Bouarfa a été grièvement blessé sur la plage. Tout à l'heure, quand nous ferons un mouvement vers l'intérieur, tu iras avec la *troop* n° 1 ; moi je resterai avec la n° 8. »

À trois mètres du rebord de notre trou, Rollin vient de pirouetter sur lui-même. Il s'est abattu, sans bruit, avec la grâce d'un acrobate.

Un signe de tête du docteur : nous voici à découvert. Il saisit les jambes, moi les épaules, et nous soulevons ce corps déjà alourdi d'indifférence.

Près de là, Pérone, embusqué dans une haie, m'interpelle : « Tu es fou, Bollinger, tu vas te faire tuer ! »

Le bruit des canons de marine et le jappement des mitrailleuses sont tels que je ne l'entends pas. Aussi, je me retourne pour l'interroger. Heureuse surdité ! Au même instant, deux *snipers* tirent sur nous. Lion s'écroule. La balle qui m'était destinée s'écrase contre le mur, à quelques centimètres de ma tête.

Montlaur a vu le drame et se porte à mon aide. Il arrive, très droit, très calme, sans chercher à se camoufler. À nous deux, nous ramenons les corps à l'abri.

Pour Lion, c'est déjà fini. Un peu de rouge suinte au niveau de la poche gauche de son *battle-dress*. Une balle en plein cœur. Soudain, sa barbe se met à pousser à une vitesse accrue, presque à vue d'œil. Son nez déjà mince prend l'épaisseur d'une lame de couteau.

Me voici bien seul.

Rollin, lui, a reçu une balle dans la tête. Un peu de mousse blanchâtre sort de la blessure. Une partie du cerveau coule lentement, mais il gémit encore. Je l'installe le plus confortablement possible et lui administre une piqûre de morphine. Seul le docteur eût pu tenter la trépanation.

Peut-être que le médecin anglais ?

Je tâche de le faire prévenir.

Le commandant Kieffer qui, malgré sa blessure, est venu nous rejoindre, dirige le tir d'un char, mais les batteries du casino ripostent avec énergie.

Renfort inattendu ! Un ancien combattant de la guerre 1914-1918 – il s'agit de M. Lefèvre – n'hésite pas, malgré son âge, à nous rejoindre.

Ses conseils sont précieux, car il connaît bien l'emplacement des armes ennemies et les zones minées. Il sait surtout où passe le câble téléphonique reliant les postes secondaires au casino. Grâce à lui, celui-ci est sectionné et le cerveau perd son pouvoir de commandement. L'opération est exécutée à l'aide de quatre kilos de plastic que Montlaur et Nicot font exploser.

La haute silhouette un peu voûtée et les longues moustaches blanches sont pour nous plus qu'un réconfort. Ils représentent le trait d'union entre l'honneur passé et le rachat en marche.

D'une maison voisine, un camarade m'appelle : « Viens vite, Renault est salement touché ! »

Je traverse la rue d'un bond et m'engouffre dans l'entrée. La cage de l'escalier est pleine de fumée. Au premier étage, la cloison est détruite ; un des pans de mur, celui qui fait face à l'ennemi, est éventré. Contre les chambranles d'une fenêtre, deux silhouettes attentives guettent.

Derrière ces soldats en armes, un homme est là, allongé à même le sol. Un homme ? Plutôt une partie d'homme.

Renault agonise. Un obus de mortier l'a frappé au niveau de l'épaule droite. Du cou au flanc s'ouvre un trou béant, un trou sec, cautérisé par le feu.

Dans la plaie largement ouverte, des organes frémissent encore. Le cœur s'entête à palpiter, des lambeaux de poumon s'affolent.

Si incroyable que cela paraisse, Renault vit toujours. Ses yeux me regardent, ils me fixent, ses lèvres tentent de murmurer.

Je m'entends proférer des paroles insensées : «Je vais te faire une piqûre, tu verras ; tu verras, ça ira mieux. »

Mais lui, et ses yeux, qui toujours me fixent...

L'affaire du casino réglée, nous retournons vers Riva-Bella. Un Français nous offre du café. Ce sera, pour la plupart d'entre nous, le seul aliment que nous absorberons en ce jour aux secondes comptées comme des heures.

Demonet est là. Une balle lui a littéralement sectionné le nez.

F. boitille. Un projectile mal placé. D'autres encore passent sur des brancards.

Les larges poches de mon *battle-dress* se gonflent de plaques matricules.

Chacun de nous en possède deux, suspendues à son cou par une mince cordelette. Y sont inscrits le numéro, le nom, le prénom et la confession.

L'une, imputrescible à l'eau et de forme octogonale doit rester avec le défunt. L'autre, ronde et réfractaire au feu, doit être ramassée et acheminée vers l'arrière, après constatation du décès.

Spectacle plus réconfortant : celui des groupes de prisonniers. L'uniforme est commun, mais il couvre bien des nationalités, bien des générations : Italiens, Polonais, Ukrainiens de l'armée Wlassov, enfants, vieillards, quelques adultes...

On les rassemble en groupes, bras en l'air ; bientôt ils n'en peuvent plus.

Un sergent anglais leur fait signe de baisser les mains. L'un des captifs en profite pour saisir une grenade astucieusement camouflée sous ses vêtements et la lancer sur un groupe de soldats alliés blessés : Reiffers, Rougier, Bucher se trouvent parmi eux et sont touchés de nouveau.

Le sten-gun de l'Anglais part immédiatement : le héros anonyme s'écroule.

Des nouvelles fragmentaires parviennent, concernant nos camarades. Maurice Chauvet, agent de liaison infatigable, les apporte pour la plupart.

À la liste des morts et des blessés déjà connus s'ajoutent d'autres noms : Bouchard, Lossec, Hourcourigaray.

Fourer et Croizer ont été tués ainsi que le lieutenant Hubert.

Ces renseignements restent, hélas ! incomplets et le long jour du 6 juin est loin d'être écoulé.

La boucherie n'a cependant pas été ce qu'elle eût pu être, car nous apprendrons plus tard que nous avons joué à cache-cache avec la 21e Panzer Division qui, forte de 146 chars et de 51 canons chenillés, a fait mouvement vers l'ouest quelques heures avant notre arrivée.

Que serions-nous devenus avec nos quelques DD amphibies si nous avions affronté cette armée en marche ?

Regroupés sommairement près du point de débarquement, et au son du *bag-pipe* de lord Lovat, ceux qui restent de la 1re Brigade Commando s'enfoncent à l'intérieur des terres.

8

6 juin – soirée

À gauche et à droite du chemin fleurissent des champs parés de leurs couleurs printanières. Mais les renseignements sont formels : ils sont minés. L'herbe, en cette saison, pousse en quelques jours et la robe bucolique du renouveau n'est qu'un piège.

Nous progressons en file indienne. À droite c'est la mort, à gauche c'est la mort. La piste conduit à la liberté ou, plus exactement, à la Libération. Mais des hommes, d'autres hommes qui font eux aussi leur devoir, tirent sur notre colonne, et chaque minute voit l'un d'entre nous s'écrouler.

Pas de camouflage possible. Il faut avancer, tâcher de repérer les *snipers* cachés dans les arbres ou dans les ruines pour les « réduire ».

Devant moi, Wallen titube soudainement. Il se tient le bras : un coup de ciseau dénude le biceps.

Comme un oiseau cherche à percer sa coquille, une balle apparaît dont seule la pointe émerge de la peau tendue. Elle est entrée, sournoise, par le triceps. Pas de sang, mais seulement du métal trouant la chair.

« Tu peux marcher jusqu'à la côte ?

– Je peux.

– Alors, vas-y, les marins sont sûrement mieux organisés. »

Wallen s'en va, serrant les dents...

Plus loin, le lieutenant Amaury est blessé à son tour. Plus loin... Ce sont aussi des yeux que je dois fermer.

À Colleville, la tête de colonne se fait plus sérieusement accrocher, mais l'affaire n'est pas vraiment grave, et nous avons le droit de boire un verre chez l'habitant pendant que les estafettes dégagent la route.

Dans un coin, un gosse pleure. Je lui donne mon fétiche : un petit pingouin en peluche accroché à mon havresac. Il est maculé de boue, mais cela suffit à remettre l'enfant en joie.

Ce rire valait le déplacement [1] !

---

1. Cette anecdote donna lieu, en 1963, à une émission de télévision produite par Marina Gray et Monette Le Boucher, intitulée « Au rendez-vous des souvenirs ». Il s'agissait de retrouver une personne rencontrée fortuitement, dans des circonstances exceptionnelles.
On retrouvera l'enfant qui était en réalité une petite fille, devenue, comme dans les contes de fées, une belle jeune femme. Elle se souvenait du pingouin !

Quelques kilomètres encore et nous atteignons les rives de l'Orne. La situation y demeure explosive. Les parachutistes du lieutenant-général sir Richard Gale ont réussi à occuper le pont pendant la nuit, mais une batterie de mitrailleuses lourdes allemande, située sur le chemin de halage du canal, n'a pu être contrôlée. Elle continue à débiter régulièrement, balayant de sa puissance de feu le pont miraculeusement intact.

La jonction a lieu en contrebas des berges, au son de la cornemuse du *piper* de lord Lovat. Celui-ci se présente au général Gale, très cérémonieux : *« So sorry, dear Windy, I am late*[2]*. »*

Maintenant, il s'agit de franchir le canal.

Des grenades fumigènes fusent. Par vagues de dix ou douze, des petits groupes passent. Au hasard, les mitrailleuses allemandes tirent dans l'opaque, mais des rafales de vent balayent par instants la brume artificielle. Alors, un corps boule sur lui-même pour s'abîmer dans l'eau ou s'écrase au sol.

Trois nouvelles grenades, et c'est notre tour.

Courbé sous le poids de sa charge, le groupe dont je fais partie s'élance.

Nous atteignons sans mal la rive opposée, presque sauvés. Hélas ! La brume se déchire et,

---

2. « Je suis vraiment désolé, cher Windy, d'être en retard. »

de l'autre berge, parvient le claquement sec de l'arme automatique. Devant moi, Derrien plonge en contrebas, blessé à la jambe. Je l'imite avec plus de chance. Derrière, un corps s'immobilise, cloué sur place par le feu de l'ennemi.

Je rampe vers la forme étendue.

Plus haut, à quelque cinquante centimètres, passent des balles traçantes. Pas besoin de faire d'effort pour bien m'aplatir, cela vient tout seul. Une ou deux minutes, qui semblent longues, et nous voici, l'un tirant l'autre, à l'abri. L'autre, c'est Pérone, un Pérone inerte mais lucide.

« Là, dans le ventre. »

Je défais son ceinturon. Son *battle-dress*, mais rien... Pourtant, il souffre et, malgré son courage, ses mains se portent sporadiquement vers son intestin.

La réalité est tout autre. Dans le dos, à droite de sa colonne vertébrale, un petit trou bien régulier laisse deviner la direction suivie par la balle. Celle-ci, bien près de sa sortie, probablement fichée dans la ceinture abdominale, donne l'impression à mon camarade que son ventre est atteint.

Mécaniquement, j'exécute les gestes en mon pouvoir : morphine, pansement (ô ! combien dérisoire !), conseils : « Sois calme, un médecin nous suit, surtout n'accepte pas de boire jusqu'à son arrivée. Demain tu seras dans un hôpital anglais. »

Pérone fait signe qu'il a compris. Une chance sur dix pour que les événements se déroulent tels que je les lui annonce. Ce sera pourtant le cas ! Avec regret, je le quitte pour suivre la progression.

Quelques kilomètres et c'est Amfreville. Un chemin escarpé conduit au village. En bas de la côte, un Normand nous offre du cidre.

Sur la place du village, c'est la désolation. Les Allemands ont fui, du moins ceux qui le pouvaient.

Au pied de l'église gît un symbole : une motocyclette et, à quelques pas, un cadavre. L'homme est là, sanglé dans un manteau de pluie impeccable, noir et luisant. Les bottes ne sont même pas tachées de boue. On dirait un mannequin de vitrine. La main droite serre un revolver, la gauche étreint le manche d'une grenade.

De tête il n'y a point ! Seule reste une plaie propre, circulaire, rouge. Rien dans l'uniforme n'est souillé ou dérangé. C'est la « Mort » qui est devant moi. Une mort nazie, plus terrible que notre vieil « Ankou » de Bretagne.

À quelques mètres, quatre charrettes en bois, d'origine russe, gisent près de chevaux à poils longs qui sont venus mourir loin de leurs plaines natales.

La place à traverser, et c'est un champ. Là, nous devons attendre les renforts.

Sans tarder, nous nous installons derrière un talus. Par deux, l'un veillant, l'arme en batterie, l'autre essayant avec opiniâtreté de creuser la terre avec sa pelle pioche portative, nous préparons nos positions.

Toutes les dix minutes, nous changeons de poste. Celui qui piochait, encore hors d'haleine, prend avec reconnaissance la place pourtant exposée que lui laisse son camarade : qu'il est dur le métier de terrassier, ou plutôt de fouisseur, car c'est presque avec nos mains, tant nos instruments sont dérisoires, que nous essayons de nous enterrer.

Le ciel s'assombrit et nous arrêtons notre besogne.

Ce soir il n'y aura pas de tour de garde : à peine la moitié de l'unité a touché le but.

L'oreille aux aguets, nous épions les moindres bruits. Je distingue bientôt derrière moi une présence : c'est le lieutenant Hulot [3].

« Si tu as une minute. »

Je le suis. C'est à peine s'il boite, mais je sais déjà qu'il souffre. Dans une grange, à la lumière

3. Formé par l'école des Cadets, le lieutenant Hulot participa brillamment en 1943 à un raid sur Jersey. Officier en second, lors de la mort de son chef anglais, il prit le commandement et, après avoir atteint tous les buts fixés, parvint à ramener en Grande-Bretagne ses hommes, y compris le corps de son camarade britannique.
Il rencontrera une mort glorieuse en Indochine, à l'âge de vingt-cinq ans.

incertaine d'une bougie, il retire sa chaussure gauche puis arrache une chaussette collée de sang coagulé et exhibe un pied rouge, tuméfié, plus farci d'éclats d'obus que ne peut l'être un pâté de truffes !

Comment a-t-il pu couvrir ainsi quinze kilomètres ? C'est impensable. Je lève les yeux vers lui :

« Ce n'est pas très beau. Vous feriez mieux d'aller voir le toubib anglais. »

Mais lui, très calme, en sifflotant : « Il n'y en a plus, c'est toi ou un infirmer anglais. »

Jeune infirmier à dix-huit ans, après un stage accéléré de six mois. Me voici bien seul. Je me concentre quelques secondes : « Bien, allons-y. »

J'extirpe un tube de chlorure d'éthyle sous pression. Sur mes indications, Hulot s'en saisit et commence l'anesthésie superficielle de la zone labourée. Pour moi, mes instruments sont une pince et un bistouri. Vingt minutes, j'opère. Là ce sont les muscles, ici les veines ou les artères, mais aussi les éclats.

Pas un cri. Bientôt cinq petites masses de métal s'alignent près de ma main droite. Pourtant, il subsiste un gros éclat entre un os du pouce et une petite artère. Celui-là, je ne peux pas prendre le risque de le retirer. J'en avertis son propriétaire qui veut traiter ce contretemps par le mépris

– sulfamide en poudre, pansement. Reste à savoir comment un tel pied pourra habiter de nouveau un soulier.

Bien entendu, malgré son courage, le lieutenant Hulot sera évacué quelques jours plus tard.

À peine ai-je regagné ma tranchée que le commandant Kieffer vient me voir : « Vous n'êtes plus que cinq sur les douze de la Section du HQ. Il faudra donc prendre un tour de garde à un des Bren guns. »

La nuit. Douce nuit de printemps, avec seulement la mort qui rôde et l'esprit qui veille.

9

Service médical

L'aube se leva sur un paysage meurtri mais qui sentait encore bon la campagne. Les morts de la veille n'avaient pas eu le temps de mêler leur odeur à celle de la terre. Des arbres étaient brisés ; quelques-uns s'ornaient de parachutes en lambeaux.

Ainsi qu'au petit matin, lorsque les noctambules contemplent, hébétés, les serpentins poisseux zébrer les tables désertées, nous regardions ces vestiges des fêtes passées. Mais nous savions que la pause serait brève et que, bientôt, l'orchestre reprendrait la mesure.

Un calme inattendu avait marqué la nuit. Un silence pesant, que seuls soulignaient quelques rares coups de feu, s'était établi. Les deux adversaires, épuisés par le fantastique effort, s'étaient laissé engourdir pour quelques heures.

Le jour, maintenant haut, remettait tout en question. Il fallut d'abord s'enterrer comme des rats dans la terre grasse de Normandie. Travail épuisant et sans grandeur, à peine ébauché la veille, mais qui fut pratiquement terminé en l'espace d'une journée. Ces premières tranchées étaient rudimentaires et peu confortables. Bientôt nous apprendrions à en construire de plus perfectionnées. Pour nous commençait une guerre de position qui, durant trois mois, nous ferait revivre en réduction la guerre de 1914-1918.

Ce soir, dans la campagne française, nous attendions, l'œil fixe, cherchant désespérément à découvrir une masse sombre qui dénoncerait un *sniper* dans les branches, ou bien à déceler un balancement suspect dans les épis des champs.

À force de chercher, l'œil distingue souvent ce qui n'existe pas. Alors, quelques coups de feu claquent, car aucune rafale ne doit être tirée afin de ne pas désigner la place des armes automatiques. Instinctivement crispés, nous guettons l'attaque, mais rien ! Devant nous, c'est la campagne paisible ; les Allemands se regroupent, plus loin.

Ils se sont réorganisés. Nous sentons leur présence. Nos premières patrouilles se sont accrochées aux leurs et des obus de mortier tombent maintenant sur nos positions. Ils aboutissent régulièrement, avec une précision qui nous étonne et nous inquiète. Déjà beaucoup d'entre nous ont été tués ou blessés de la sorte. Pas un mouvement ne leur échappe à l'intérieur des lignes. J'en fais l'expérience.

Nous voici trois, dans un chemin creux, juste derrière nos positions, protégés par des talus. Les Allemands ne peuvent nous voir. Soudain, le miaulement d'une batterie de mortier trouble l'air. Une, deux, trois explosions. Elles nous poursuivent avec une précision déconcertante.

Réflexe immédiat, nous fonçons dans une grange. À peine sous le porche, nous sommes jetés à terre par une déflagration plus proche. Je roule sur moi-même pour m'aplatir contre un des murs. La terre sèche du sol non pavé brouille la scène, puis tout se précise. À gauche, Magy se redresse, tenant sa main d'où quelques gouttes de sang suintent pour aller s'enfoncer dans la poussière. Hélas ! à cinq mètres de moi, un corps est plié en deux. Je le retourne le plus doucement possible. C'est Vinat, un ancien infirmier. Sans gémir, il m'aide à dégrafer son ceinturon et son *battle-dress.*

Juste une petite blessure grosse comme un noyau de cerise. C'est la seule trace laissée par l'éclat.

« Ça va aller, ce n'est rien. On commence par la morphine, après on fera un pansement.

– Non, ce n'est pas la peine, je vais mourir.

– Tu es fou ! »

Je baisse les yeux. Son teint a déjà pris la couleur cireuse des trépassés. Il murmure : « Portefeuille... Famille... »

Son regard devient fixe, dur. C'est fini. Quelques grammes d'acier. À peine une minute. Tout est réglé.

Encore des morts inutiles avant d'apprendre comment nos déplacements peuvent être connus des Allemands...

La veuve de l'ancien notaire cache dans son grenier un Allemand possesseur d'un poste émetteur-radio. De son perchoir, il lui est facile de vérifier nos mouvements et de les signaler aux batteries les plus proches.

Tous deux sont promptement emmenés par les Anglais de l'Intelligence Service. La vieille femme répond, cherche à s'excuser : « Il était bien gentil. Et puis il allait tous les dimanches à la messe. »

Sur notre droite, les Allemands contre-attaquent et obtiennent des succès. Ils réussissent à s'infiltrer dans Bréville. Nos voisins du n° 6 Commando reçoivent l'ordre de reprendre le terrain perdu. Nous formons la charnière de la contre-attaque et assistons, haletants, à l'opération. Celle-ci est rapide et brutale. Dans le village en ruines, les Anglais opèrent à la grenade et à la baïonnette. Comme les Allemands tentent de s'accrocher derrière les murs du cimetière, ils leur livrent, là, une lutte sans merci.

L'action terminée, nous verrons parmi les tombes ouvertes et les croix brisées des corps embrochés les uns dans les autres, debout dans leur rigidité cadavérique.

Ces soldats britanniques ont été enterrés dans ce cimetière même, le long du mur d'enceinte et cette mince bande de terre, tout comme la grande nécropole militaire qui jouxte, elle aussi, la vénérable église, est devenue territoire du pays de Sa Gracieuse Majesté.

Ces deux enclaves, où sont d'ailleurs enterrés quelques Commandos français, ne manquent jamais ni de gazon ni de fleurs.

Bien sages, enchaînés, ils suivent leur maître : ce sont les planeurs. Soudain, les grands oiseaux un instant captifs reprennent leur liberté. Ils tournoient majestueusement, pareils à leurs frères, les albatros.

La DCA ennemie se déchaîne. Rafales ou embruns, les seigneurs de l'air continuent leurs évolutions. À terre commence, pour eux, le véritable danger. Ils risquent de rogner leurs ailes aux « asperges de Rommel[1] », et plus d'un y crève sa carcasse.

Pour nous, ces planeurs se situent à mi-chemin entre les oiseaux et les anges.

L'ennemi est tout près. Il nous guette mais n'attaque pas. Des renseignements nous parviennent : une forte concentration s'organise à proximité.

Les archives allemandes nous apprendront, plus tard, que cent soixante-dix-sept tanks, deux bataillons portés, une compagnie de commandement, une compagnie de canons, une compagnie de DDA et une compagnie du génie s'étaient réunis là...

En tête de pont sur l'Orne, nous sommes démunis de chars. Tous ceux qui débarquèrent le 6 juin ont été détruits. Aucun pont ne permet aux tanks classiques de venir nous appuyer. Malgré notre décision de ne pas céder un pouce de terrain, nous serions vite submergés. Les Allemands ignorent la quantité de matériel dont nous disposons.

Aujourd'hui, Maurice Chauvet a été évacué, durement soufflé par un obus de mortier, tombé

1. Les « asperges de Rommel » étaient des pieux de bois plantés à intervalles réguliers dans les champs. En atterrissant, les planeurs se brisaient contre eux.

à moins d'un mètre de lui. Un autre jour, c'est Begot. Lorsque je l'ai ramassé, il gisait dans une mare de sang, la mâchoire brisée, les lèvres largement fendues. Quand il voulait parler, des bulles rougeâtres remplaçaient les mots.

Les Britanniques ont eu le temps de lui refaire un maxillaire grâce à deux de ses côtes préalablement sciées. Depuis, il ne peut pas absorber d'aliments solides, ce qui lui occasionne des troubles stomacaux. Enfin, des radios régulières sont nécessaires pour suivre l'évolution d'éclats que l'on n'a jamais osé lui extirper du crâne. Malgré tout cela, il a un moral de fer.

Hier, un sergent anglais est arrivé, porté par deux camarades. Sa jambe gauche se trouvait plus endommagée qu'il n'est possible d'imaginer. Lors d'une patrouille, il avait marché sur une mine extrêmement simple, d'un type spécial. Il s'agit, en l'occurrence, d'une balle de fusil astucieusement bricolée et enfouie à ras de terre, la pointe en l'air. Lorsqu'un poids se pose sur le nez de l'engin, la partie supérieure descend dans la douille et actionne l'amorce. Si le poids en question est un pied, le métal déchire toute la jambe sur son passage, jusqu'au genou, qu'il fait éclater.

Il ne restait que de longues lanières de peau irrégulières, criblées d'éclats d'os, qui se balançaient sous la cuisse en arrosant le sol de sang. Je n'ai pu que lui nouer un garrot, lui administrer une piqûre de morphine, et le faire évacuer au plus vite.

Heureusement, il est maintenant possible d'évacuer les blessés graves vers l'arrière !

Cinq jours déjà ! Peu d'entre nous ont dormi. Nous avons à peine mangé quelques caramels vitaminés et, de-ci, de-là, un sandwich aimablement confectionné par les rares habitants qui n'ont pas quitté le village. De temps en temps, nous allons, lorsque tout est calme, déguster un verre de cidre ou de calvados dans ce qui fut un bistrot, de l'autre côté de la place.

Le terre-plein de l'église est assez grand. En son milieu se trouve une tranchée antiaérienne, souvenir des Allemands, alors maîtres du pays. Un violent tir d'artillerie se déclenche et me voici dans l'abri. Par l'autre extrémité, un homme rampe. C'est l'abbé de Naurois. Nous restons ainsi terrés cinq ou six heures durant.

La nuit dernière, L. est mort, mais pas devant l'ennemi. Il avait oublié le mot de passe. L'affolement l'empêcha sans doute de dire son nom. Devant cette ombre menaçante et armée, un fusil-mitrailleur entra en action. L. s'est écroulé, littéralement coupé en deux par la rafale à la hauteur de la ceinture.

Spinetta nous a rejoints. Il purgeait une peine de prison pour une peccadille à la caserne Bir-Hakeim. Il s'évada de sa cellule puis se cacha dans un camion qui devait nous apporter du ravitaillement. Il resta plusieurs jours dans le noir le plus complet et, seule, la fin du roulis lui apprit qu'il devait être probablement en France. Il sortit alors subrepticement de sa cachette et, après quelques recherches, se présenta au Bataillon. Malgré sa situation pour le moins peu régulière, il a été accueilli par le commandant. Il tombe à point pour renflouer une unité devenue squelettique.

Tous deux nous fouinons à trois cents mètres à l'arrière des lignes, probablement pour trouver quelque nourriture fraîche. Deux Normandes nous interpellent. L'officier allemand qu'elles hébergeaient a laissé ses affaires en s'enfuyant. Dans un coin de la pièce il y a un objet enveloppé dans du papier.

« C'est sûrement un explosif ou une grenade », disent-elles.

Dans la chambre en désordre, partout des vêtements : uniformes superbes, casquettes, etc. Et, sur le sol, le fameux paquet. Avec précaution, Spinetta déchire peu à peu l'emballage pour finalement mettre à jour un éclat d'obus de belle taille.

Ce qui terrorisait ces femmes n'était que le souvenir matériel d'une mort sans doute évitée de justesse.

Un jeune agriculteur, Bernard Saunier, qui se porte volontaire pour faucher les champs de blé, situés entre les lignes allemandes et les nôtres. Il nous rendra là un service appréciable, car il est facile pour un guerrier aguerri, et nos vis-à-vis le sont, de ramper parmi les épis pour lancer une grenade à manche[3].

Entre deux tours de garde et des soins aux blessés, il me faut trouver un moment pour redevenir présentable, et retrouver une odeur humaine. En effet, mon *battle-dress* est depuis plusieurs jours, et de plus en plus, maculé de sang, du sang des blessés et des morts. De ce sang qui, mélangé à la boue grasse de la campagne, a séché, transformant le tissu de mon uniforme en véritable gangue odoriférante.

Il en est de même pour notre aumônier l'abbé de Naurois. Mais lui a obtenu un uniforme neuf (entre autres avantages d'être officier). Me voici donc entre deux bombardements dans la cour d'une ferme en chemise, en « bannière » comme l'on disait naguère, en train de faire bouillir mon *battle-dress* dans un grand chaudron.

---

3. Depuis, il nous reçoit tous les ans dans sa ferme. Outre ses amis, il invite les commandos français, britanniques et leur famille à dîner : nous avons été jusqu'à 600 !
Qui dit mieux !

Une heure plus tard, je me glisse dans mes vêtements, trempés mais propres, car il est en effet hors de question que je les fasse sécher. Un soldat sans uniforme est un soldat vulnérable.

Des maisons éventrées par les bombardements livrent ingénument leurs secrets. Nous pénétrons dans l'intimité de ces familles maintenant en exode. L'ensemble des troupes se conduit correctement. Pas de pillage, tout juste un léger chapardage pour des objets de première nécessité, sans grande valeur. La meilleure preuve n'en est-elle pas ce coffre-fort, soufflé par une bombe, qui a déversé, à terre, des titres au porteur ? Ils restèrent là quelques jours avant d'être ramassés et rangés dans le tiroir d'un bureau.

À quelques kilomètres, la bataille de Caen fait rage. Elle explique notre relative tranquillité.

Derrière nous, sur la rive gauche de l'Orne, monte interminablement une longue file de voitures, de tanks, de camions. Canadiens et Anglais convergent vers la ville. Peu redescendent. Cette procession est à sens unique. La grande cité est devenue le creuset où se mélangent et se fondent la pierre, le métal et la chair. Nous entendons le bruit des canons, immobiles, l'arme au pied, impatients et humiliés de ne pouvoir prendre part à l'assaut, mais la consigne est formelle. Nous devons tenir la charnière est du débarquement contre toute attaque ennemie.

Alors jaillit un ordre mystérieux : « Se préparer à tenir vingt-quatre heures dans les tranchées sans en sortir. En conséquence, avoir à portée de la main les vivres et les munitions nécessaires. »

Au matin, nous comprenons ces instructions inhabituelles. Dans un fracas étourdissant, un véritable tapis roulant de bombardiers, pour la plupart des quadrimoteurs, forteresses volantes et Liberators, se dirige vers Caen.

À quatre ou cinq de front, les monstres volants se suivent, très rapprochés. Arrivés au-dessus de leur objectif, ils amorcent un piqué, lâchent leurs bombes et, par une voie légèrement diagonale, s'en retournent vers leur base. Ce défilé fantastique dure des heures, véritable parade de tout ce dont les Alliés disposent comme forces aériennes.

Les chasseurs, eux, agissent chacun en un secteur bien délimité. Ils tournent, à plus basse altitude et, chaque fois qu'une téméraire batterie de DCA ouvre le feu sur la moderne armada, piquent à mort et, tirant de tous leurs moyens, réduisent le poste importun.

Près de 2 750 quadrimoteurs auront, en ce jour, déversé leur charge sur la ville martyre.

Bientôt, pensons-nous, la guerre sera finie.

Nous quittons notre petit village devenu trop tranquille, pour une nouvelle position plus en rapport avec nos « traditions ».

En quelques heures, tout notre matériel est rassemblé et, sac au dos, arme en bandoulière, nous adressons des signes amicaux à l'unité venue nous relever, avant de nous enfoncer dans la campagne bourdonnante. Nos pas ne nous conduisent pas vers Arromanches, mais vers un autre point du front.

10

Service armé

C'est toujours pareil, ronchonne Saerens. On laisse aux copains une belle tranchée, et voyez ce qu'on trouve ! »

Il faut d'abord creuser un boyau en ligne brisée d'environ 1,50 m de profondeur et de 80 cm de largeur. Les tournants à angle droit sont utiles pour qu'un malencontreux obus ne prenne pas le tout en enfilade. La profondeur de 1,50 m est nécessaire afin de pouvoir courir courbé. 80 cm sont suffisants pour se croiser, sans trop augmenter la surface exposée.

Ce premier stade constitue déjà un énorme travail qui s'ajoute aux tours de garde et aux patrouilles de jour et de nuit. Il faut, de plus, couvrir d'un toit ce boyau, quelques places à ciel ouvert restant seules conservées pour les guetteurs. Afin de confectionner le couvert, on dégage sur une plus grande largeur et sur une profondeur de

30 cm le pourtour de la tranchée. Ensuite, on place côte à côte des bûches d'environ 1,20 m de long et de 30 à 40 cm de diamètre, puis, par-dessus, des fagots, de la terre, et enfin des branches d'arbres.

De la sorte, du moins la théorie le prétend, rien à craindre car les brassées de bois mort font ressort et catapultent les bombes vers leur expéditeur. C'est peut-être vrai pour un obus de mortier. Quant à une bombe de six tonnes ? Nous aurons l'occasion d'en subir l'expérience.

C'est néanmoins la meilleure solution.

Les autres essais dans ce domaine s'avèrent pleins d'embûches, voire de danger. Témoin cette idée d'enterrer un foudre à cidre pour en faire un abri confortable et sec. Il fallut, le lendemain, tirer les deux inventeurs par les pieds. Ils étaient ivres morts, soûlés par les vapeurs éthyliques imprégnant le bois.

Le capitaine Lofi[1], qui remplace notre commandant, me fait chercher.

Le Dr Lion ayant été tué, je dois rejoindre un groupe sanitaire en voie de constitution. Il sera situé à quelques centaines de mètres, à l'arrière.

« À moins, enchaîne Lofi, que tu ne préfères quitter le service médical ? C'est peut-être pos-

1. Après la guerre, il dotera la marine française d'une école de Commandos créée au cap Matifou, près d'Alger : le centre Sirocco qui, seul, permettra de conserver un peu de l'expérience si durement payée !

sible puisque tu as passé ton brevet de Commando. J'essaierai d'en parler au médecin anglais. De toute manière, va te présenter à lui. »

Le docteur est là, derrière un bureau. Un bref coup d'œil et ma décision est prise. J'oublie un instant le peu d'anglais que je connais.

Je dois avoir l'air d'un parfait imbécile. Tant mieux, c'est ce que je cherche. Le soir, Lofi m'appelle : « Ça y est, Bollinger, tu restes avec nous... »

Il ajoute d'un air soupçonneux : « Étrange ! Cela a été beaucoup plus facile à obtenir que je ne le pensais. »

Dix minutes plus tard, je suis dans « ma tranchée », où je partage désormais officiellement un joli Bren gun avec mon ami Corbin : du moins théoriquement car, depuis le soir du 6 juin, c'est derrière celui-ci que je monte la garde pendant mes factions.

Dorénavant, plus de réveil en sursaut chaque fois qu'il y a un blessé. Ce privilège sera maintenant réservé aux attaques allemandes.

Ce nouveau secteur est infesté de moustiques. Ils sont le fruit des inondations de la vallée de la Dives, provoquées par les Allemands en guise de défense tactique. Nos mains, nos figures, enflent au point qu'un d'entre nous doit être évacué tant il souffre.

Pour pouvoir, pendant les périodes de repos, dormir un peu, nous imaginons de vaporiser de l'essence dans nos tranchées. En faisant craquer une allumette, Ruppé obtient littéralement l'explosion des vapeurs qui stagnent dans le fond de son boyau. Il doit être évacué, grièvement brûlé.

Cette nuit, pour la première fois, la Luftwaffe est venue nous rendre visite. Quelque cent bombardiers nous ont copieusement « marmités », pendant près de deux heures.

À leur approche, un nombre insoupçonné de batteries de DCA alliées sont entrées en action. Les balles traçantes, rouges et blanches, composaient un gigantesque feu d'artifice, mais ce n'était qu'un prélude.

Lorsque les bombes ont commencé à exploser, nous avons bien été obligés de nous arracher à ce spectacle féerique pour regagner nos abris. En chapelet, elles progressaient, creusant le sol à 100 m, 60 m, 20 m. Le bruit allait croissant. Puis c'était l'attente, l'angoisse – et le soulagement lorsque l'explosion suivante se situait de l'autre côté du boyau.

Plusieurs tranchées devaient être découvertes, l'alerte passée, effondrées sur leurs occupants. La protection était devenue tombeau. L'une des bombes explosa si près de mon abri que les parois se rétrécirent de quelque quarante centimètres, ne laissant plus de place à nos poitrines sinon dans une position perpendiculaire à l'horizon.

Puis vinrent les chasseurs de la RAF et les rapaces nocturnes s'enfuirent dans les ténèbres.

La nuit, ce sont les patrouilles. L'inquiétude ronge les soldats. Où sont les adversaires ? Que font-ils ? Des deux côtés, les hommes se posent ces questions. Pour tâcher d'y répondre, de petits groupes vont, au risque de leur vie, prospecter la mince bande de terrain qui sépare les forces en présence.

Ce soir, nous sommes cinq ou six sous les ordres du maître Lardennois. Des nuages cachent un croissant de lune. Tels des éléphants dans un magasin de porcelaine, nous progressons à l'estime. Chaque bruit immobilise la section ; les doigts se crispent alors sur les détentes et... rien encore cette fois. Ce devait être un animal nocturne. Deux heures plus tard, nos lignes sont franchies.

Il s'agit d'actes banals, dont le déroulement absorbe la tension des nerfs. Ce n'est pas le cas des *standing patrols* : au crépuscule, une section longe en silence les lignes allemandes, à quelques dizaines de mètres, quelquefois moins. À intervalles réguliers, si le feu ennemi ne se déclenche pas, elle laisse un homme rudimentairement camouflé en observation pour la nuit.

Ainsi sont protégés les arrières. En cas d'attaque, le guetteur solitaire est pratiquement sacrifié. À peine aurait-il le temps de tirer trois ou quatre coups de feu avant d'être submergé.

En face de moi, je pressens, plus que je ne vois, les Allemands dans leur tranchée. Parfois, un lambeau de phrase me parvient, ou bien c'est le bruit sec d'une culasse qu'on manœuvre. Je suis seul dans le taillis, plaqué au sol, virtuellement partie intégrante de la terre humide. Des moustiques me piquent les mains, la figure, mais je reste immobile, extérieurement impassible. Le moindre bruit déclencherait la catastrophe.

Oui, la nuit est longue, mais les vers de Jean-Pierre Calloc'h reviennent me donner confiance. Leur musique douce chante à mon oreille :

Me zo er Gédour bras én é saú ar er hleu.
Gout e ran petra onn ha me ouèr petra ran :
Iné Kornog, hé douar hé merhed had hé bleu,
Oll kened er bed é, en noz-man, e viran[2].

2. *Je suis le grand Veilleur debout sur la tranchée.*
Je sais ce que je suis et je sais ce que je fais :
L'âme de l'Occident, sa terre, ses filles et ses fleurs,
C'est toute la beauté du monde que je garde cette nuit.

Une fusée éclairante tombe lentement sous son parachute. Une rafale de K-gun crépite, plus loin, au nord. L'aube monte. Ce n'est qu'une lueur ; ainsi que nous le disons en mer : « Le jour se fait. »

Avec d'infinies précautions, je décroche de mon poste de guet et, en rampant sur la rosée nouvellement formée, je regagne ma base.

Surprise. Aux avant-postes, mes compagnons et moi apercevons, silhouettes déformées par les brumes, deux soldats allemands s'approcher de nous, les bras bien en l'air.

« Kamarad ! Kamarad ! »

Faut-il les féliciter de leur perspicacité ou les mépriser pour leur lâcheté ? Pourquoi chercher une réponse à une question que nul ne pose ? Je reste seul près de ma Bren pendant les quelques instants nécessaires au convoyage des deux pacifistes.

Une balle miaule. Je redouble d'attention, mais rien. Les blés sont aussi calmes qu'une mer d'huile. Une autre, pourtant, se rapproche de moi. À quelque cinquante centimètres, elle s'enfonce dans le sol, soulevant un léger nuage de poussière.

Un *sniper* m'a repéré. Si je ne le détecte pas rapidement, il aura le dernier mot. Le point d'impact indique une trajectoire dont l'origine se situe haut placée : j'inspecte le rideau d'arbres situé de l'autre côté du champ. Dans le grand peuplier, là-bas, une masse qui pourrait passer pour une boule de gui attire mon attention. Je pointe mon Bren. Il est réglé pour un tir coup par coup afin de ne point révéler l'emplacement des armes automatiques. J'appuie sur la détente. Raté. Mais la boule de gui s'écrase contre le tronc. Je ne me suis pas trompé. Une troisième balle confirme cette impression. Cette fois, elle vient se ficher à quelque trente centimètres.

Au diable les ruses de guerre. J'embraie mon arme sur le tir à répétition et vide le chargeur sur la tache sombre. À cent mètres de moi, une masse déboule de la cime au sol.

Hier, Galton, un ancien cuisinier, a réussi à construire un four en terre. Ceux de notre *troop* qui n'étaient pas de garde ou en patrouille ont été conviés à goûter un cochon de lait rôti « qui ne devait rien à personne ».

Un autre jour, Horny, un second maître alsacien, a confectionné une sorte de ratatouille composée aux deux tiers avec de l'ail. Nous avons trouvé ça inexplicablement succulent. Il est vrai que, pour réaliser ce chef-d'œuvre, nous avions rampé sous le feu d'une batterie allemande pour nous emparer, dans un petit jardin abandonné, des gousses nécessaires...

Ce matin, Jean Marin[3] est venu nous voir. Beaucoup d'entre nous le connaissaient déjà car il est breton de Douarnenez. Comme l'alcool ne manque pas chez nos cousins normands, nous pouvons tout à loisir parler du pays : nous y gagnons un ami et quelques rêves tout neufs.

Bientôt, l'amiral d'Argenlieu viendra nous inspecter.

Avec S., nous travaillons dans la terre grasse, gorgée d'eau. Çà et là quelques cadavres qui pourrissent librement depuis les premiers combats de juin.

S. a envie d'une paire de bottes allemandes.

Et voici, au détour d'un bosquet, un corps qui, tranquillement, cherche à s'intégrer au limon originel. La figure, dont les yeux sont absents, semble regarder le ciel. L'odeur, la terrible odeur, rôde sournoisement, mais les bottes noires, superbes, trônent insolemment dans le vert des joncs. S. médite, puis se penche. Le pied défend son bien.

Soudain, c'est la victoire. S. tient dans ses mains la botte tant désirée. Mais, au fond de

3. De son vrai nom Yves Morvan.

celle-ci, un pied rongé par les vers occupe encore la place à laquelle il a légitimement droit !...

Encore un changement de position. Nous voici dans le bois de Bavent. Le mois d'août tire à sa fin et nous nous enfonçons dans notre guerre de tranchées. Toujours des patrouilles, des nuits courtes, hachées par les tours de garde. Un sommeil léger dans le bout des boyaux, souliers aux pieds pour pouvoir contre-attaquer immédiatement.

Ne s'étant pas accommodés de ce traitement, les ongles de mes pouces de pied sont tombés. Leur absence prouve leur incontestable utilité, car chaque pas me fait souffrir.

De temps en temps, au hasard des accrochages ou des pilonnages d'artillerie, l'un d'entre nous doit être évacué vers l'arrière, tué ou blessé. Quelquefois, un camarade légèrement touché le 6 juin vient reprendre sa place.

Le commandant Kieffer nous a rejoints. D'autres sont partis. Ce matin, c'est le tour de Thubé : une blessure stupide, un obus de mortier solitaire tombé par hasard près de lui. Trois éclats dans l'épaule, un autre dans la cheville. Je l'ai aidé à monter dans la Jeep, qui le ramène vers l'arrière. Boccador, lui aussi touché, l'accompagne.

11

L'attaque de L'Épine

Caen est enfin conquise. Les Américains foncent vers la Bretagne, vers Paris. L'ordre de marche arrive à l'improviste, malencontreusement pour moi d'ailleurs. La veille au soir, Spinetta a rapporté d'une patrouille un cruchon de cinq litres de calvados ; avec l'aide du second maître Horny, qui partage notre tranchée, nous l'avons vidé consciencieusement. Un atroce mal de tête préside à l'inventaire et au rassemblement de notre matériel.

Devant nous, les Allemands ont abandonné leurs positions. Ils se sont repliés, pendant la nuit, à quelques kilomètres plus à l'est.

Des tracts en anglais, laissés par les fuyards, jonchent le sol. Ils essaient de nous démoraliser, mais nous savons la partie jouée : ils l'ont perdue.

PRIS AU PIÈGE COMME DES RENARDS

Soldats anglais et américains !

Pourquoi Jerry a-t-il attendu dix jours après les débarquements pour utiliser ce qu'on appelle son arme secrète derrière votre dos ? Cela ne vous paraît-il pas étrange ?

On dirait bien qu'après avoir attendu que vous ayez traversé la Manche, il vous a tendu un PIÈGE.

Vous combattez en ce moment sur une très étroite bande de côte dont l'étendue a jusqu'alors été contrôlée par les Allemands.

Vous engagez un très grand nombre d'hommes et des quantités énormes de matériel.

Entre-temps, les avions robots, volant bas, déversent sur Londres et le sud de l'Angleterre des explosifs dont la puissance et le pouvoir incendiaire sont sans précédent. Ils sèment la mort et la destruction dans les villes et les ports qui devraient vous envoyer le ravitaillement dont vous avez tant besoin.

ILS COUPENT LES PONTS VERS VOS BASES : outre la destruction et la panique chez vous, le trafic est désorganisé, les bateaux, même les bateaux sanitaires, sont arrêtés.

Pendant combien de temps pourrez-vous continuer cette folle « invasion » dans ces conditions ?

C'est à vous de penser au meilleur moyen de sortir du PIÈGE dans lequel vous êtes PRIS.

Le temps est précieux. Demain il sera peut-être trop tard !

DAILY TELEGRAPH : « Une incroyable vague de bombardiers allemands sans pilote déversent une pluie d'explosifs au-dessus de l'Angleterre Sud. La destruction est très étendue dans beaucoup d'endroits. »

EXCHANGE TELEGRAPH : « Attaques sans répit avec la nouvelle arme allemande. La côte sud a été ensevelie pendant des jours sous la flamme et le feu. »

EVENING STANDARD : « Les experts militaires anglais se cassent la tête sur la nature et la construction de la nouvelle arme allemande. Le distingué expert Olivier Stewart écrit : "Cette arme peut devenir la plus importante arme de la guerre aérienne future." »

SVENSKA DAGBLADET : « Suivant un rapport de Londres, le roi George a quitté Londres pour une destination inconnue, en vue d'une plus grande sécurité personnelle. »

STOCKHOLM TIDNINGEN : « La population de Londres vit un mortel cauchemar.

« Le tonnerre des explosions a été entendu sans interruption pendant cinq jours. Des immeubles de huit étages sont réduits en poudre. Aucun abri ne peut protéger contre les effets terrifiants de la nouvelle arme allemande... nous vivons au cœur même de la terre. »

AKSHAM (ANKARA) : « Pour l'homme de la rue, le trait le plus déprimant est qu'il ne semble y avoir aucune possibilité d'atténuer les effets de la nouvelle arme.

« On ne sait rien sur la nature de l'arme, sa construction ou ses bases de départ. Les défenses au sol aussi bien que les défenses antiaériennes sont sans effet.

« Des experts sont activement occupés à chercher des mesures de défense. Entre-temps, Londres et les villes d'Angleterre Sud sont en feu. Les attaques se suivent sans relâche, frappant de nouvelles localités de jour et de nuit.

« On peut facilement comprendre l'angoisse qui déchire le cœur des Anglais. C'est une mauvaise affaire pour eux. »

(Traduction.)

La tombée de la nuit n'est pour nous que le signal d'une autre progression. Il s'agit de passer entre les lignes nouvellement établies des Allemands pour prendre position en revers afin d'appuyer l'action des troupes régulières, au petit matin.

C'est l'attaque du lieu-dit L'Épine. Après plusieurs mois d'une guerre classique, nous retrouvons enfin la lutte particulière pour laquelle nous avons été entraînés.

À la queue leu leu, ceux qui restent de la 1re SSB, soit environ huit cents hommes (quatre mille cinq cents hommes le 6 juin), rampant silencieusement, passent de nuit à travers les lignes ennemies sans qu'un seul coup de feu ne soit tiré, sans que les sentinelles adverses ne s'en aperçoivent : c'est en tout point une opération magnifiquement réussie. Qu'un seul d'entre nous trébuche, éternue ou laisse échapper une parole, et ç'aurait été l'accrochage vite généralisé, susceptible de priver l'attaque ultérieure de son effet de surprise.

À l'aube du 20 août, nous sommes en position de combat derrière les lignes allemandes.

Quelques minutes après l'assaut des troupes anglaises d'infanterie, nous entrons en action. Le succès est complet. Démoralisés, désorientés, nos adversaires se rendent en masse.

Les quelques pertes enregistrées proviennent plus d'un manque de synchronisation que des armes ennemies. En effet, malgré les postes de radio individuels, des unités alliées se tirent consciencieusement les unes sur les autres. Les balles traçantes volent bas. Il y a intérêt à ramper efficacement, en dépit de la boue nauséabonde. Dans un taillis, je débusque un soldat terrorisé : *« Hände hoch ! »*

Je crie les seuls mots d'allemand que je connaisse. L'homme exhibe son pied blessé et son brassard de la Croix-Rouge. Recourant à sa trousse d'infirmier, je lui fais un superbe spica de la cheville. Je m'amuse de son ébahissement devant une science assez incompatible avec le métier de soldat de corps franc. Mais la guerre continue, et je dois le brusquer un peu pour le ramener à cloche-pied jusqu'à un champ où pas mal de ses compatriotes sont déjà parqués.

Ce soir, nous serions pleinement heureux de notre victoire, si une nouvelle ne venait assombrir ce jour faste. Notre camarade G. qui n'était pas rentré d'une patrouille il y a quelques jours a été retrouvé pendu à un arbre...

Lorsque nous atteignons Pont-l'Évêque, il y a plusieurs heures que les derniers soldats allemands ont quitté la ville. Ils y ont mis le feu, la transformant en cité martyre. Nous choisissons, pour progresser, le milieu des rues les plus larges, tant la température est suffocante.

Bientôt, plus avant dans la campagne, nous sommes doublés par des camions, chargés à craquer des troupes fraîches nouvellement débarquées d'Angleterre. Joyeusement, les hommes nous font des signes d'ironique amitié. Nous comprenons soudain que le front, ce n'est plus nous, et leur renvoyons sans rancune leur salut.

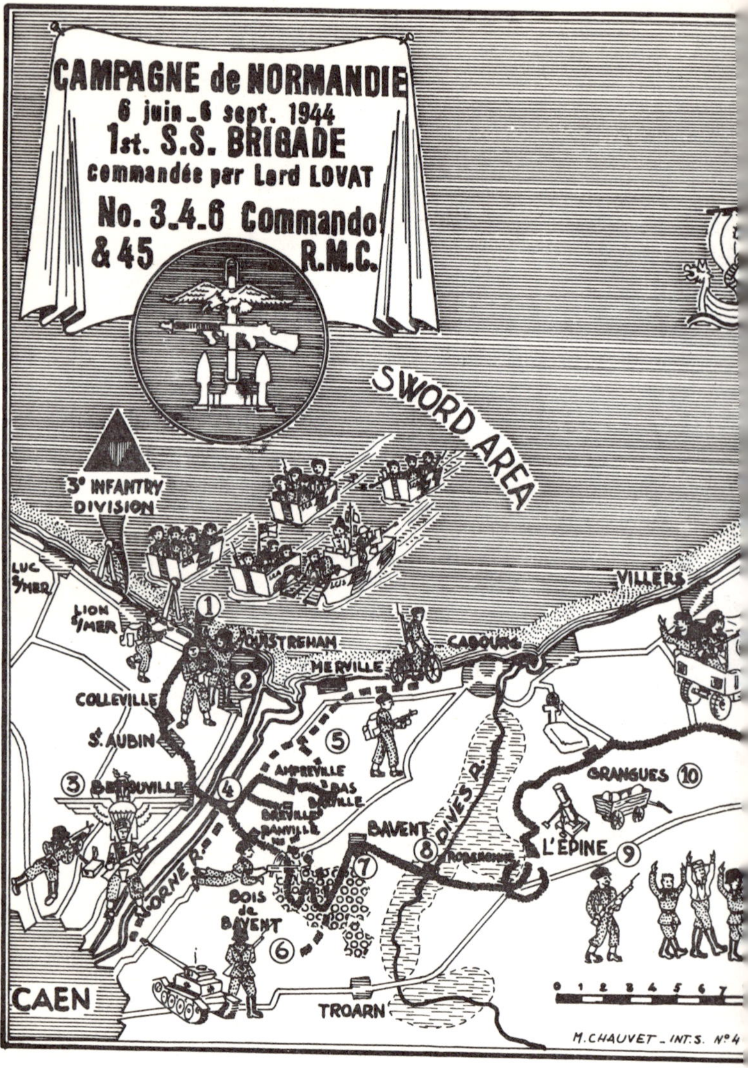
CAMPAGNE de NORMANDIE
6 juin - 6 sept. 1944
1st. S.S. BRIGADE
commandée par Lord LOVAT
No. 3-4-6 Commando
& 45
R.M.C.
SWORD AREA
3e INFANTRY DIVISION
LUC S/MER
LION S/MER
OUISTREHAM
MERVILLE
CABOURG
VILLERS
COLLEVILLE
St. AUBIN
BENOUVILLE
AMPREVILLE
BAS DE BREVILLE
BREVILLE
RANVILLE
BAVENT
DIVES R.
ORNE R.
BOIS de BAVENT
GRANGUES
L'ÉPINE
ROBEHOMME
TROARN
CAEN
M. CHAUVET - INT. S. No 4

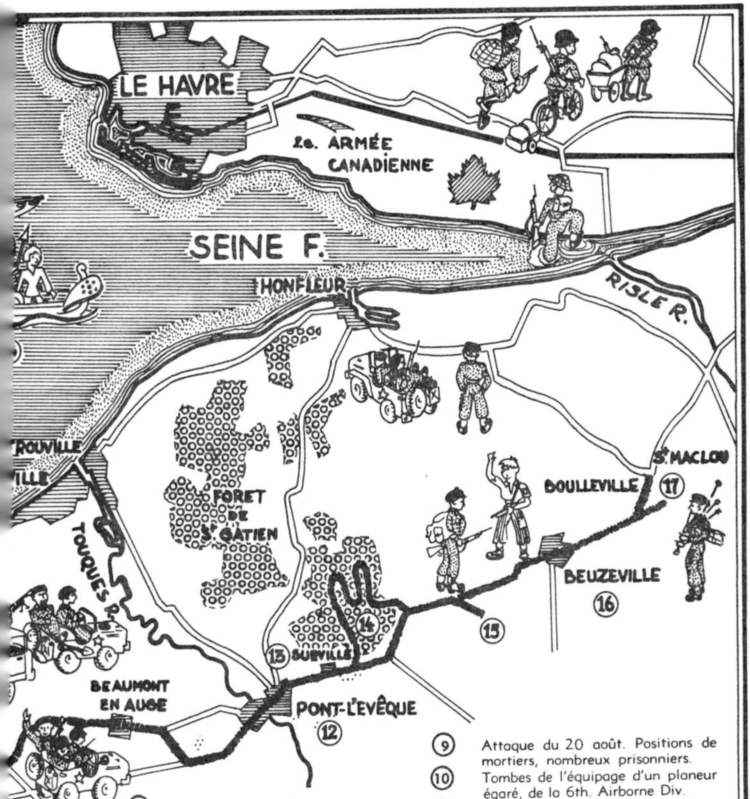

1. 6 juin 1944, 07.40 h. environ.
2. Assaut terminé vers 11.00 h.
3. Bénouville, premier village libéré dans la nuit, par la 6th. Airborne Div.
4. Passage du Canal et de l'Orne, par Pegasus Bridge, 6 juin après-midi.
5. Ligne de résistance : 6 juin au 26 juillet.
6. Positions du 27 juillet au 16 août.
7. Prise de Bavent : 17 août.
8. Franchissement des zones inondées, et avance dans la nuit du 18 au 19 août.
9. Attaque du 20 août. Positions de mortiers, nombreux prisonniers.
10. Tombes de l'équipage d'un planeur égaré, de la 6th. Airborne Div.
11. Transport de la 1st. S.S. Brigade en camions.
12. Traversée de la ville en flammes : 24 août.
13. Halte du 24 août, après-midi.
14. Avance dans la nuit du 24 au 25 août. Derniers combats.
15. Repos sous pommiers individuels!
16. 26 août : premiers contacts avec des F.F.I.
17. Reconnaissances sur Honfleur et Paris. 6 septembre : fin de la campagne de Normandie.
18. Première invasion : 1066 après J.-C.

12

Repos

Notre cantonnement, c'est Beuzeville. Des tentes nous parviennent.

Plus de patrouilles : juste une garde limitée. Pas encore de lits, mais la possibilité de retirer ses chaussures pour dormir. Le canon tonne à proximité. Mais, pour nous, ce sont les vacances et nous faisons faire des économies à l'intendance car nous prenons tous nos repas à droite et à gauche, chez l'habitant. La discipline s'est singulièrement assouplie, ce qui permet de larges escapades.

Coste a découvert une Jeep abandonnée. Bon mécanicien, il l'a remise en état et nous voici partis tous deux à l'aventure...

Nous venons de pénétrer dans Pont-Audemer, que les Allemands ont évacuée la veille au soir. Nous sommes les premiers soldats alliés à réoccuper cette portion du territoire.

Notre histoire de balade n'est pas prise en considération et, pour les FFI qui campent sur la place principale, nous sommes une glorieuse patrouille qui vient d'assurer la jonction entre les troupes de débarquement et les forces de l'intérieur !

Une tournée chez l'un, une tournée chez l'autre, un vin d'honneur à la mairie, un apéritif chez le commandant Untel, un doigt de calvados chez un petit vieux, une dernière tournée pour prouver qu'on est amis : il est temps d'ouvrir le col du *battle-dress*.

Soudain, dans la grande salle des fêtes où, hâtivement, on a dressé une table et débouché des bouteilles, un FFI interpelle :

« Voulez-vous voir notre cheptel ?

– Cheptel ?

– Cheptel ! »

Sans comprendre, nous nous laissons guider au long de couloirs qui paraissent sans fin. Nous voici projetés dans une salle basse, éclairée par des soupiraux grillagés, et où sont parquées une trentaine de femmes, la tête rasée. La plupart sont jeunes, quelques-unes jolies. Mais peut-on parler de beauté lorsque le crâne brille comme un œuf d'autruche ?

Pour ma part, ce navrant spectacle me dégrise instantanément. Je tente un mouvement subtil pour battre en retraite. Coste ne semble pas désorienté. Il amorce un interminable discours sur la France, le patriotisme, le drapeau et ses couleurs qui, précise-t-il, sont le bleu, le blanc et le rouge.

Les filles le regardent, d'abord incrédules, puis stupéfaites. Sa péroraison porte ses fruits. Selon leur tempérament, les unes pleurent et les autres haussent les épaules.

Lorsque je parviens à entraîner l'orateur hors de ce lieu, la raison semble lui revenir et, d'un commun accord, nous décidons de fausser compagnie à nos « nouveaux amis ».

La rentrée s'effectue miraculeusement – car nous sommes un peu « fatigués ». Coste arrête la Jeep à quelque trois cents mètres du camp pour ne pas donner l'éveil et nous nous glissons au fond de nos tentes le plus silencieusement possible.

Dans la mienne, près de ma paillasse, Piriou, assis à même le sol, attend stoïquement mon retour. Sa manche gauche est roulée au-dessus de son coude et un mouchoir ensanglanté enserre son avant-bras. Il voudrait que je lui fasse un pansement pour ne pas avoir à raconter l'origine de sa blessure au médecin anglais.

Cet ami était parti avec quelques camarades anglais pour faire « le tour de la place ». Faire « le tour de la place » voulait dire, en langage clair, s'arrêter dans chaque café pour y vider un ou plusieurs verres. Cette opération pouvait être pratiquée indifféremment dans le sens des aiguilles d'une montre ou dans le sens inverse, ce qui permettait de se rencontrer au milieu de la soirée.

Cela se produisit précisément entre un groupe de jeunes FFI normands, qui, eux aussi passablement gais, « tournaient », et nos amis. Or, il se trouva que les Anglais ne parlaient pas le français et que les FFI ne parlaient pas l'anglais. D'où suspicion, injures, menaces.

Piriou ne savait comment intervenir. Pas question d'abandonner ses frères commandos ayant accompli le débarquement du 6 juin avec lui. Pas question non plus de se battre avec des compatriotes, et comme parler, et surtout raisonner, était devenu impossible dans le brouhaha sans cesse grandissant, il passa aux actes. Ayant retroussé sa manche gauche, il saisit de la main droite le poignard que nous portions tous fixé à une jambe de notre pantalon et, lentement, calmement, sans marquer d'hésitation, il se transperça l'avant-bras sous l'œil médusé des spectateurs. Par une chance extraordinaire, la longue lame d'acier passa entre le cubitus et le radius, sans trancher d'artère, sans sectionner de nerf. Puis il retira l'arme de la même manière progressive, versa son verre de calva sur la plaie et déclara, dans un silence devenu total, qu'il valait mieux ne pas se battre avec les commandos.

Les antagonistes, dégrisés, s'aperçurent de la stupidité de leur querelle et trinquèrent ensemble à la victoire.

J'aime finir l'épopée de la campagne du commando franco-anglais en Normandie sur ce trait.

Épilogue

Une Jeep passe près de moi. Le capitaine de Villers m'interpelle : « Tu viens, Bollinger ? Nous allons à Paris. »

Je saute dans la voiture sans réfléchir. Nous accompagnent Boully et Paillet le chauffeur.

Il fallut six heures pour gagner la capitale. Pourtant, la route était définitivement conquise. Nous ne rencontrâmes pas la moindre patrouille allemande. Mais nous croisâmes – le danger était aussi grand – des convois américains tous feux allumés, roulant au milieu des « pistes » avec, au volant, des chauffeurs du Texas, pied droit collé au plancher, ignorant l'existence du frein.

Lorsqu'une courbe savante nous fit longer la Seine, de Villers, emphatique, monta sur le capot au risque de se tuer et, désignant le fleuve d'un geste large, déclara : « Messieurs, la Seine ! »

Un trou d'obus, un coup de frein et le voilà à plat ventre sur le capot, heureusement sans mal.

Plus loin, la route passa devant la gare de Trappes. D'énormes entonnoirs, témoignages de bombes, la rendaient difficilement praticable.

Puis ce fut l'avenue de la Grande-Armée.

Après la première explosion de joie, due à l'arrivée de l'armée Leclerc, après les risques pris par la population pour fêter la Libération, la ville n'osait plus de nouveau vivre la nuit. Éclataient çà et là quelques coups de feu, preuve d'une chasse à l'homme encore inorganisée. La Jeep s'arrêta devant le 184, avenue Victor-Hugo. D'un bond je fus dans l'entrée de l'immeuble. Rien n'avait changé : l'ascenseur était toujours en panne. J'attaquais, rempli d'appréhension, les marches de l'escalier.

Au troisième étage, la porte de gauche ouvrait sur l'après-guerre.

Ou presque !

Après trois jours de permission plus ou moins légale, dans une ville certes libérée, mais où des collaborateurs et des miliciens aux abois tirent encore sur les toits, nous regagnons la Normandie.

Mais si nous sommes arrivés à quatre, nous nous tasserons à six dans la Jeep pour le retour ! En effet, par le plus magnifique des hasards, nous avons rencontré sur les Champs-Élysées, parmi une foule en délire, deux de nos camarades, portés disparus lors du raid de Gravelines effectué dans la nuit de Noël 1943.

Contrairement à ce que nous pensions, les six Français engagés dans l'opération, qui n'avaient pu rejoindre leur embarcation, avaient réussi à échapper à l'ennemi, à l'exception de Wallerand qui s'était noyé.

Madec ne manque pas de culot. Il découd ses badges et prend le train en uniforme anglais pour Paris. Sa sœur lui prêtera des vêtements civils, et il rejoindra sa Bretagne natale où il deviendra, grâce à son expérience, commando instructeur dans un maquis.

Navrault rejoindra les FFI, et Pourcelot réussira à ne pas être interné. Présentement, Caron et Meunier sont dans notre voiture, ravis de rejoindre l'unité.

Le premier arbore un superbe uniforme de second maître de la marine, le second est en civil. Pris par les Allemands, il fut interné à Fresnes, d'où, grâce à des complicités, il put s'évader et regagner Paris, quelques heures seulement avant la Libération.

Le 6 septembre, nous quittons Beuzeville pour nous rendre à Arromanches. Le spectacle de ce gigantesque port artificiel nous fascine. Des centaines de bateaux coulés assurent les assises à des kilomètres de digue où roulent des milliers de camions et de tanks en transit. Cette « ville maritime » a été, et est toujours, le poumon de l'Opération Overlord. Mais il y a aussi des dizaines de milliers de soldats, débarquant le fusil à la bretelle, astiqués de partout...

Quelle différence pour nous avec l'aube du 6 juin !

Bien que sans rancune, nous avons la joie de voir, derrière des barbelés, des troupeaux entiers de prisonniers allemands. Il y en a de tous âges et de toutes armes. Certains affichent encore une certaine morgue, mais la plupart sont abattus et dépenaillés.

Me voici enfin vengé de la prise de Quimper par quatre motocyclistes allemands !

Après une longue attente, voici notre cargo. Nous sommes parqués à fond de cale, avec interdiction de monter sur le pont pour la durée de la traversée. L'air manque, il fait chaud, la houle est grosse, le mal de mer de certains d'entre nous et les odeurs qui s'ensuivent ne contribuent pas à rendre ce voyage particulièrement idyllique.

Nous souffrons ainsi toute la nuit en silence.

Après les quelques jours minimaux, strictement nécessaires, à refaire de nous une unité opérationnelle, nous voici de nouveau équipés à neuf sur le quai, attendant notre embarquement.

Les fatigues des derniers mois, qui m'ont amené à peser 54 kg pour 1,75 m, ont déclenché une superbe jaunisse : symptôme caractéristique, le blanc de mes yeux est jaune ! Et l'amiral, venu nous inspecter, s'en aperçoit.

Mais je sais que j'en ai au moins pour un mois, alors, risquant le tout pour le tout, je lui dis, imperturbable : « Amiral, ce n'est pas la jaunisse, c'est un simple ictère du foie. »

Je regagnerai Paris en piteux état pour m'effondrer dans un lit familial où je resterai trois mois, avec un régime à contenter les supporters les plus fanatiques de la Croix d'Or !

Pour moi la guerre est finie, du moins celle des commandos. Après un bref passage à l'infirmerie à l'amirauté, avenue Gabriel, je serai affecté à la DGER (Direction générale des études et recherches, ancien BCRA) comme moniteur psychotechnicien, sous les ordres de mon ami, le docteur psychiatre bien connu Moraly-Daninos.

Mais les combats continuent, et le n° 4 Commando reçoit comme mission de se rendre en Hollande, afin de participer à la prise de l'île de Walgherem : ce sera la bataille de Flessingue.

Après la campagne des Pays-Bas, l'aventure du premier bataillon fusilier marin commando de la France libre est définitivement terminée. Mais il en va des épopées comme des rêves. Peuvent-ils mourir ? Quelques jours après l'assassinat de lord Mountbatten, un service fut dit à sa mémoire, en la chapelle Saint-Louis-des-Invalides.

À la demande expresse du dernier vice-roi des Indes, fondateur des commandos, cinq de ceux-ci se trouvaient porteurs du béret vert, dans le chœur de la chapelle. Ils présentaient son pavillon personnel à ses armes. Ministres et généraux étaient plus loin, parmi la multitude. Les commandos anglais n'ayant pu être joints à temps, ce furent des Français qui les représentèrent. Ils se nommaient, au gré de leur passage à Paris et de leur disponibilité : Boccador, Zivolhava, Lechaponnier, Chauvet et moi-même.

Notre aumônier, l'abbé de Naurois, fut amené à lire l'Épître...

Postface de Maurice Chauvet

Ex n° 4 Commando

Les souvenirs de Gwenn-Aël Bolloré constituent un document irremplaçable pour qui veut comprendre l'état d'esprit des hommes, pour beaucoup encore presque des enfants, engagés dans les premières heures du 6 juin 1944. Gwenn-Aël était enthousiaste, rien ne l'avait obligé à se lancer dans cette aventure, et il eût dû, normalement, rester chez lui comme la plupart des Français dans un attentisme prudent. À la lecture de cet ouvrage, l'on se rend compte combien l'idéal qui le poussait était puissant.

Il donne avec beaucoup de pudeur les raisons de son départ : que cela ait amené un jeune Breton à s'expatrier, à subir ce qui par bien des points constitue une initiation permet de comprendre de quelle sorte d'hommes étaient constituées les premières vagues d'assaut des troupes alliées reprenant pied sur le continent le 6 juin 1944. Qu'arrivé en Angleterre non sans difficultés ni danger, et après un court séjour dans les Forces navales françaises libres, il ait volontairement opté pour les Commandos, c'est-à-dire des troupes spécialisées composées d'aventuriers – dans le sens le plus noble comme le plus vulgaire –, choix supposant un entraînement physique, des qualités très au-delà apparemment des possibilités de son âge, de sa formation, de sa constitution même, révèle une maturité qui ne se manifeste que dans un contexte de guerre.

Un simple lieutenant-colonel, Dudley Clark, avait rédigé en 1940 une note sur les possibilités offertes par l'action de petits groupes de soldats spécialement entraînés, permettant par des actions offensives de faire passer les forces allemandes victorieuses, occupant la côte de Kirkenesse à Hendaye, à une position de troupes assiégées, craignant partout une attaque. C'est de cette idée simple que naquirent les troupes Commando.

Quelques réflexion sont nécessaires pour comprendre un document de la qualité de celui qui vous est proposé. D'une part, ces notes, non dénuées de poésie, sont celles d'un garçon de dix-huit ans. Il juge inutile de remonter le temps et d'évoquer des événements antérieurs, dont il assume pourtant en partie, inconsciemment, la responsabilité.

D'autre part, simple exécutant, bien des choses lui échappent. Il ne rappelle pas dans son livre les racines profondes de cette aventure, ni ne retrace les mouvements de la bataille de géants à laquelle il participe.

Gwenn-Aël Bolloré avait tout juste quatorze ans le jour de la déclaration de guerre, et seulement dix mois de plus lorsque la vue du premier uniforme allemand, à Quimper, le mit dans le clan bien peu fourni de ceux qui ne voulaient pas subir ; de cette première rencontre va découler toute son histoire.

La Rénovation nationale tablait sur un affaiblissement futur tant des Allemands que des Russes et de leurs alliés anglo-saxons, rendant relativement enviable le sort d'une France protégée par l'armistice. Toute cette propagande, ces idées prétendument profondes n'avaient eu aucune prise sur notre jeune ami, qui dès 1940 cherchait anxieusement à servir.

D'où ses premières tentatives de Résistance, son départ pour l'Angleterre, sa participation au débarquement du 6 juin, sur un champ de bataille, dont on constate que les soldats n'avaient qu'une connaissance théorique, et à la bataille de Caen à l'occasion de laquelle il exprime bien la désespérance des soldats, bloqués dans un périmètre très restreint, où rien n'était sûr, ni la ligne de défense, ni le sens d'où viendrait la prochaine action ennemie.

Quand je referme ce livre me revient irrésistiblement en mémoire un poème que nous nous répétons lors des cérémonies dans les cimetières militaires :

Ils ne vieilliront pas comme nous qui avons survécu.
Ils restent dans nos mémoires dans toute la gloire de leurs vingt ans,
Ils ne connaîtront jamais l'outrage ni le poids des ans,
Quand à l'heure de l'aube ou à celle du crépuscule nous les évoquons
Ils sont encore parmi nous et ils vivent tant qu'ils ne seront pas oubliés.

Le livre de G.-A. Bolloré est une pierre au monument de tous ceux qui laissèrent leur vie dans l'aventure.

Annexes

I.

DRAPEAU DES COMBATS

Le drapeau des glorieux combats des unités Commandos déposé à l'abbaye de Westminster le 15 avril 1961. Des Français ont participé à quatre des opérations inscrites sur cette bannière : Dieppe, Normandie, passage de la Dives et Flessingue.

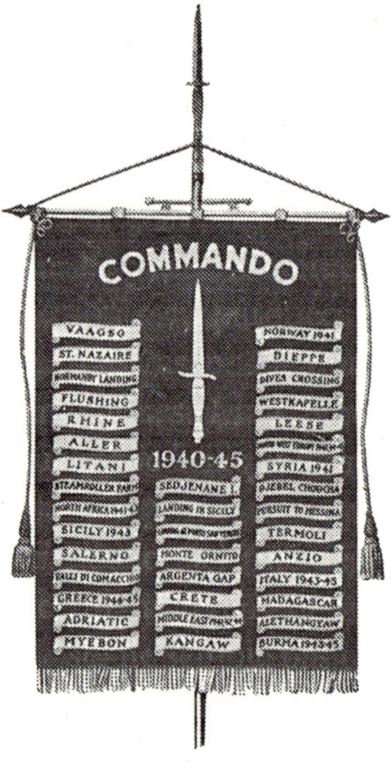

II.

NOMINA ROLL OF OFFICERS

AND

OTHER RANKS FRENCH COMMANDOS

Commandos morts en opération
(n'ayant pas participé au débarquement)

Sgt. S. Montailler	Dieppe †, 19 août 1942
Sgt. P. Wallerand	Graveline †, 25 décembre 1943, p. 151
CPL R. Bellamy	Île de Sank †, 27 décembre 1943
L/SGT A. Dignac	Île de Sank †, 27 décembre 1943
Sgt. J. Agnerre	Scheveningen †, 27 février 1944
Pvt. R. Cabanella	Scheveningen †, 27 février 1944
CPL F. Devillers	Scheveningen †, 27 février 1944
CPL R. Guy	Scheveningen †, 27 février 1944
CPL J. Rivière	Scheveningen †, 27 février 1944
CAPT. C. Trepel	Scheveningen †, 27 février 1944
CPL G. Legall	Cherbourg †, 18 mai 1945
L/CPL C. Allard	Walcheren †, mai 1945.

Liste d'appel du 6 juin 1944

L/Cpl.	A. Allain
Lieut.	P. Amaury, 62, 102
Pvt.	F. Andriot
L/Cpl.	A. Archieri
Cpl.	R. Autin
2/Lieut.	A. Bagot
L/Cpl.	N. Ballaro
Sgt.	M. Barbe
L/Cpl.	L. Bégot, 115
Cpl.	A. Bernard
L/Cpl.	B. Beux, 86
Cpl.	J. Biestro
Sgt.	P. Boccador, 132, 154
L/Cpl.	G. Bollinger (Bolloré), 10, 52, 93, 94, 125, 149, 155, 157, 158
L/Sgt.	O. Bouarfa, 73, 74, 94
L/Cpl.	G. Bouchard, 98
L/Cpl.	E. Bougrain
Pvt.	J. Bouilly, 149
Pvt.	R. Boulanger
L/Cpl.	A. Bourret
L/Cpl.	G. Briand
Sgt.	P. Briat
Sgt.	R. Bucher, 86, 98
Cpl.	L. Cabellan, 86
L/Cpl.	M. Caille
Sgt.	A. Cartier
Cpl.	L. Casalonga, 86
Cpl.	J. Cevoz-Mami
Sgt. Major	P. Chausse
Cpl.	M. Chauvet, 84, 87, 98, 114, 154, 155, 166
Cpl.	P. Chouteau
L/Cpl.	G. Coppin
Pvt.	M. Corbin, 125
L/Sgt.	G. Coste, 14, 143-145
L/Cpl.	J. Couturier
L/Sgt.	R. Croizer, 98
L/Cpl.	L. Danson
L/ Cpl.	R. Dechamboux
Cpl.	P. Demonet, 97
L/Cpl.	A. Denereaz
L/Cpl.	M. Derrien, 104

L/Cpl.	F. Devager
L/Sgt.	H. Dorfsman
L/Cpl.	R. Ducasse
Sgt.	R. Dumanoir, 86
L/Cpl.	A. Dupont
Cpl.	E. Ernault
L/Cpl.	G. Fagou
Lieut.	H. Faure
L/Cpl.	R. Flesch, 86
Cpl.	A. Foliot
L/Cpl.	R. Fougère
Cpl.	L. Fourer, 98
L/Cpl.	M. Fromager
L/Cpl.	R. Gabriel, 153
Cpl.	R. Gadou
L/Cpl.	J. Galton, 65, 130
Cpl.	M. Gannat
Cpl.	F. Garrabos
Cpl.	J. Gautier (O. Zivohlava), 154
Cpl.	L. Gautier, 93
Pvt.	R. Gersel
Pvt.	M. Gery
L/Cpl.	H. Gicquel
L/Cpl.	L. Godard
Pvt.	R. Goujon
Cpl.	O. Gouriou
L/Cpl.	A. Grail
L/Cpl.	F. Grinspin
Pvt.	F. Guezennec
Pvt.	P. Guidicelli
Cpl.	J. Guilcher
L/Cpl.	G. Guillou
L/Cpl.	E. Guinebault
Pvt.	E. Guy
L/Cpl.	J. Guyader, 41, 47, 65
Sgt.	G. Hattu
Sgt.	J. Horny, 130, 133
Sgt.	J. Hourcourigaray, 98
2/Lieut.	A. Hubert, 98
2/Lieut.	L. Hulot, 106-108
L/Sgt.	R. Jovenin, 65
L/Cpl.	A. Jung
Cpl.	J. Kermarec
Major	Ph. Kieffer, 11, 14, 61, 90, 95, 108, 132
Sgt. Major	F. Klopfenstein
L/Cpl.	M. Labas
Cpl.	J. Laffont
Cpl.	M. Lahouze, 86
Sgt.	L. Lanternier
L/Cpl.	G. Laot
Sgt. Major	A. Lardennois, 127
Sgt.	M. Laventure, 86
Sgt. Major	M. Lavezzi
Cpl.	J. Le Bris
Cpl.	H. Lechaponnier, 154
L/Cpl.	M. Le Floch
Cpl.	J. Le Goff
L/Cpl.	M. Legrand
Cpl.	J. Le Moigne, 37
L/Cpl.	R. Le Morvan
L/Sgt.	J. Le Naour
L/Cpl.	R. Leostic, 86
L/Cpl.	B. Le Reste
L/Cpl.	A. Le Rigoleur
Pvt.	R. Lesca
Cpl.	J. Letang
Captain	R. Lion, 73, 74, 93-95, 124
Lieut.	A. Lofi, 124, 125
Sgt.	M. Logeais
Cpl.	R. Lossec, 98
I./Cpl.	R. Madrias
Cpl.	F. Magy, 111
Pvt.	A. Maler, 65
Sgt.	P. Mariaccia

L/Cpl.	R. Massin
L/Cpl.	J. Masson
2/Lieut.	J. Mazeas, 90
Sgt.	G. Messanot
L/Cpl.	Y. Meudal
L/Sgt.	J. Moal
Pvt.	R. Moguerou, 65
L/Cpl.	J. Monceaux
L/Cpl.	J. Montean
Sgt.	G. de Montlaur, 15, 94, 96
Cpl	J. Morel
Sgt	H. Nassau de Warigny
Captain	R. de Naurois, 93, 116, 118, 154
L/Cpl.	A. Neven
Pvt.	J. Neven
L/Cpl.	J. Nicot, 96
L/Cpl.	M. Niel
Pvt.	R. Olhiger
Pvt.	J. Ollivier (Guivarc'h)
L/Sgt.	G. Paillet, 149
L/Cpl.	J. Pérone, 94, 104, 105
Pvt.	J. Peters
L/Cpl.	R. Piaugé, 86
L/Cpl.	G. Picou
Lieut.	J. Pinelli, 86
Cpl.	J. Piriou, 145, 146
L/Cpl.	J. Plancher
L/Cpl.	N. Poli
L/Cpl.	L. Prévost
Pvt.	J. Priez
L/Cpl.	Y. Quentric
Cpl.	P. Quere
L/Cpl.	M. Raulin
Pvt.	M. Ravel
L/Cpl.	J. Reiffers, 98
L/Cpl.	E. Renault, 96
Cpl.	H. Richemont
Cpl.	P. Richen
L/Cpl.	M. Riveau
Sgt.	R. Roelandt
L/Cpl.	P. Rollin, 94, 95
Cpl.	G. Ropert
Pvt.	R. Rossey
L/Cpl.	M. Rougier, 98
Pvt.	J. Rousseau, 86
Cpl.	R. Roux
Cpl.	M. Rouxel
Cpl.	Y. Ruppé, 126
Sgt.	R. Saerens, 123
L/Cpl.	J. Saloum.
Cpl.	H. Scherer
Sgt.	J. Senée
Cpl.	J. Simon
L/Cpl.	R. Strina
Cpl.	P. Tanniou
Sgt.	M. Thubé, 31, 33, 37, 42, 46-48, 53, 62, 90, 132
L/Cpl.	E. Troyard
L/Cpl.	C. Valentin
Cpl.	P. Vinat, 111
L/Cpl.	M. Vincent
Lieut.	F. Vourc'h, 86
Lieut.	G. Vourc'h
L/Cpl.	H. Wallen, 101, 102

Seuls, sur les 177 noms ci-dessus énumérés, 24 hommes terminèrent la campagne de Normandie sans avoir été blessé ou tués.

Nous ont rejoints en cours de campagne

L/Cap.	R. Bascoulergue	L/Cap.	L. Picard
L/Cap.	J. Briant, 57	L/Cap.	R. Spinetta, 117, 133
Pt.	M. Gourong	Cap.	Villers (de) (Willnich), 149
Cle.	L. Le Roy	Pt.	Y. Vourc'h
L/Cap.	A. Magnier		

Retour de disparus en raids

Sgt.	R. Caron, 151	Cpl.	A. Meunier, 151
L/Cap.	J. Madec, 151	Cpl.	R. Navrault, 151

Volontaires normands

Pt.	A. Guyard	Pt.	S. Lachevre
Pt.	R. Hacquin		

III.

Badge du 1er BRM Commando

C'est en février 1944 que Maurice Chauvet créa l'insigne de l'Unité. Voici comment il décrit son œuvre :

« Sur un écu de bronze, qui est en France, portant au centre le brick de l'Aventure supporté par des vagues, surchargé d'un poignard Commando, dirigé du canton senestre du chef au canton dextre de la pointe, et décoré d'une croix de Lorraine dans le canton dextre du chef.

L'écu repose sur un ruban portant l'inscription : "1er B^{llon} FM COMMANDO". Ses deux extrémités repliées montrent deux petites ancres rappelant l'origine marine de l'Unité. »

La maquette primitive présentait sur le côté droit du ruban une étoile, rappel des corps francs 39/40. Refusée par un amiral qui y voyait un symbole US ou URSS, l'étoile fut remplacée par une deuxième ancre, comme sur les rubans légendés anciens du chapeau breton de marin.

Petits détails pour les curieux et collectionneurs : réalisé à Londres par la firme J. R. Gaunt, le tirage fut de 400 pièces numérotées ; les numéros de 1 à 195 couvraient les membres des *troops* 1, 8 et K-gun et les disparus en raids ; quatre-vingts numéros, entre le 239 et le 336 (le dernier attribué), furent octroyés aux renforts de Hollande formés fin 44 ou début 45. Une soixantaine de badges perdus en action furent remplacés et 44 attribués à des personnalités britanniques ou françaises libres.

IV.

Très secret
Quartier-général du Führer
Le 18 octobre 1942

LE FÜHRER
N° 003830/42 G.
Kdos CKW/WFST

22 copies (copie n° 12)

« Depuis longtemps, nos ennemis se servent de méthodes de guerre contraires aux Conventions internationales, particulièrement notoire est la conduite brutale et perfide des dénommés “Commandos” qui, et ceci a été formellement établi, sont en partie recrutés dans les rangs d'anciens criminels libérés dans les pays ennemis. D'après les documents capturés, il ressort qu'ils reçoivent des ordres non seulement d'enchaîner leurs prisonniers, mais, de plus, de massacrer sur-le-champ les prisonniers sans défense aussitôt qu'ils jugent que ces prisonniers deviennent une entrave à la poursuite de leurs objectifs ou peuvent être, dans l'un ou l'autre cas, un objet d'embarrassement. Pour finir, des ordres ont été trouvés qui montrent qu'en principe le massacre de prisonniers a été établi.

« Pour cette raison, il a déjà été ordonné dans un addendum du rapport des Forces armées (ordres de routine) du 7 octobre 1942, que dorénavant l'Allemagne aurait recours au même traitement envers les troupes britanniques de sabotage et leurs complices, c'est-à-dire qu'elles seront massacrées sans pitié par les Allemands dans les combats partout où elles seront rencontrées.

« En conséquence, j'ordonne, à partir de cette date, que tous ennemis contactés par les troupes allemandes durant des expéditions dites de commandos, tant en Europe qu'en Afrique, qu'ils soient en uniforme régulier de soldat ou qu'ils soient des agents de saboteurs, armés ou non, soient exterminés jusqu'au dernier, au combat comme à la poursuite. Il importe peu qu'ils soient débarqués d'un navire ou qu'ils soient amenés par avions ou parachutés ; même si ces gredins, une fois repérés, décidaient de se constituer prisonniers en matière de principe, toute pitié devra leur être refusée. Dans tous et chaque cas de cette sorte, un rapport détaillé devra être fait au Quartier général souverain afin qu'il puisse être promulgué dans les ordres quotidiens des Armées.

« Si les individus faisant partie des commandos et employés comme agents secrets, saboteurs, etc., tombent entre les mains de la Wehrmacht de n'importe quelle autre façon, c'est-à-dire par arrestation de police dans tout territoire occupé par nous, ils seront immédiatement délivrés au Service de sécurité *[Sicherheitdienst]* ; toute détention de prisonniers de cet acabit par des gardiens militaires, c'est-à-dire se trouvant dans des camps de prisonniers de guerre, même à titre temporaire, est strictement défendue.

« Cet ordre n'est pas applicable s'il s'agit du traitement de soldats ennemis capturés ou qui se rendent au cours de batailles normales (attaques sur une grande échelle ou opérations importantes de débarquement par mer ou par air).

« Cet ordre ne concerne pas non plus le personnel ennemi qui cherche à sauver sa vie après une bataille navale, ou qui atterrit par parachute après un combat aérien, et qui tomberait entre nos mains.

« Pour la non-exécution de cet ordre, j'engagerai la responsabilité personnelle de tout commandant ou officier et ordonnerai sa comparution devant un conseil de guerre pour rendre compte : soit de la négligence qu'il aurait montrée en pareil cas dans l'accomplissement de ses devoirs en ne donnant pas les ordres nécessaires à la troupe sous son commandement, ou de la raison de la non-exécution des ordres indiqués plus haut. »

Signé : A. Hitler.

V.

Index des noms cités en sus du *« Nominal roll of officers and other ranks french commandos »* (voir annexe 2 p. 165).

Table

Composition et mise en pages par DV Arts Graphiques à Chartres
Cet ouvrage a été achevé d'imprimer sur Roto-Page
par l'Imprimerie Floch (Mayenne) en mai 2004
Dépôt légal : mai 2004
N° d'édition : 247 – N° d'impression : 60201
ISBN 2-74910-247-2